JEZUS

Biografia nieautoryzowana

JEZUS

Biografia nieautoryzowana

Wybór i układ
Przemysław M. Szewczyk

Wydawnictwo WAM

Opieka redakcyjna: Olaf Pietek
Korekta: Mateusz Czarnecki, Dariusz Godoś
Projekt okładki: Dominik Wicher
Na okładce wykorzystano fragment ikony koptyjskiej *Chrystus i św. Menas*, VI–VII w.
Skład: Dawid Adrjanczyk
Opracowanie not źródłowych: Klaudia Bień

Wybór wszystkich tekstów zebranych w tym tomie na podstawie wydania:
Apokryfy Nowego Testamentu, t. 1–3,
pod red. ks. Marka Starowieyskiego, Kraków 2017

ISBN 978-83-277-1409-1

DWIE BIOGRAFIE JEZUSA

Jezus nie pozostawił po sobie żadnych pism. Ale pamięć o Nim trwała: powtarzano Jego słowa, wytworzył się swego rodzaju kanon Jego wypowiedzi i czynów, które były przypominane podczas spotkań chrześcijan. Tak działo się do momentu, kiedy chrześcijanie żyli w Jerozolimie, w Palestynie, ewentualnie w pobliskich miastach, np. Antiochii czy Damaszku. Z czasem jednak nauka Jezusowa rozszerzała się na cały ówczesny świat i już nie wystarczała tradycja ustna, trzeba było spisać to, co głosił Mistrz. Skoro zaś mówił On po aramejsku, a Jego nauka coraz częściej trafiała do Greków, konieczne stało się przełożenie Jego słów i opowieści o Nim na język grecki. W drugiej połowie I w. podjęło się tego kilku z grona Jego pierwszych wyznawców: apostoł Mateusz użył języka aramejskiego, tekst następnie przełożono na język grecki, Marek spisał je nieco nieporadną greką dla chrześcijan w Rzymie, natomiast Łukasz, jedyny spośród autorów Ewangelii Grek, zebrał nauki Jezusa, posługując się elegancką greką. Ci trzej korzystali wzajemnie ze swoich dzieł, nazwano ich synoptykami. Pod koniec I wieku uzupełnił te trzy opisy ostatni ze świadków – apostoł Jan. Dzięki nim z ustnej tradycji zrodziły się cztery opisy dobrej nowiny nazwane Ewangeliami.

Pisma te przekazywano z pokolenia na pokolenie pod bacznym okiem Kościoła, który pilnie ich strzegł, aby z nich nawet *iota* nie przepadła i nie została zmieniona, choćby pod wpływem licznych sekt, które również miewały swoje ewangelie. To była i jest oficjalna biografia Jezusa, zagwarantowana przez Kościół. Potem stopniowo dołączano do niej dzieje pierwszego Kościoła, listy apostołów, szczególnie św. Pawła, i w końcu Janową Apokalipsę. Oczywiście Kościół czuwał nad doborem pism. Już w II w. powstały zręby Nowego Testamentu, ciągle jeszcze płynne, a od IV w. mamy już ten kanon Nowego Testamentu, którego dziś używa Kościół.

Pierwszym jednak Pismem chrześcijan były te same księgi, które czytali Żydzi i które komentował Jezus w synagogach. Z czasem chrześcijanie zdali sobie sprawę, że czytane przez nich cztery Ewangelie, Dzieje Apostolskie, listy apostołów oraz Apokalipsa spełniają tę samą rolę co Pismo Żydów i dopełniają je, a nie znoszą – według słów Jezusa, który sam to podkreślał (por. Mt 5,17). Pismo Żydów chrześcijanie nazwali Starym Przymierzem lub też Testamentem, a swoje pismo – Nowym Przymierzem – Testamentem. Stary Testament czytano w świetle Jezusowego objawienia. To Pismo jest dla chrześcijan jednością – od pierwszych słów *Genesis* do ostatnich Apokalipsy, jednym przeświętym słowem Boga objawiającego się światu, które wierzący z coraz to dalszych krajów czytali i medytowali, którym się modlili i do którego się odwoływali, z biegiem wieków przekładając na swoje języki. To jest Pismo Święte, święta *Graphe*, Słowo Boga skierowane do ludzi, nad którym nieustannie czuwa Kościół, wykładający autorytatywnie jego treść. Jeżeli tego nie zrozumiemy, to nie zrozumiemy też, czym jest niniejsza nieautoryzowana biografia Jezusa.

Bo obok niego powstawała inna biografia, nie tylko Jezusa, ale innych postaci Biblii, wedle słów Adama Asnyka:

Choć otrząśniecie kwiaty barwnych mitów,
Choć rozproszycie legendowy mrok,
Choć mgłę urojeń zedrzecie z błękitów,
Ludziom niebiańskich nie braknie zachwytów,
Lecz dalej sięgnie ich wzrok.

Poeta miał rację: ludziom „niebiańskich brakowało zachwytów" na temat treści Nowego Testamentu, który podawał bardzo niewiele wiadomości o Jezusie, Maryi i Józefie, a także o innych osobach Nowego Testamentu. W dodatku w przekazach zawartych w Piśmie stanowczo za mało było cudowności. Bo przecież jeśli Jezus był Bogiem, jak nauczał Kościół, to cuda musiały nieustannie Mu towarzyszyć. Ponadto ludzie chcieli dowiedzieć się więcej o tym, jak to było z tym Bożym narodzeniem, co Pan Jezus robił jako dziecko. Pytali o losy Świętej Rodziny w Egipcie, o życie Maryi i Jej odejście z tego świata. Szukali wiadomości o bohaterach Ewangelii: o Maryi, o Józefie, o apostołach, lecz w pismach Nowego Testamentu ich nie znajdowali. Być może funkcjonowały one w tradycji nieprzekazanej przez Ewangelistów, gdyż taka na pewno istniała poza granicami ustalonymi przez Kościół, przecież zostało powiedziane, iż: „Wiele innych znaków, których nie zapisano w tej książce – czyli w Ewangelii Janowej – uczynił Jezus wobec swych uczniów" (J 20,30). I być może okruchy słów i działalności znajdziemy w bardzo licznych pismach, które powstawały w czasach starożytnych poza Ewangeliami i – szerzej – poza Nowym Testamentem, a które nazwano apokryfami.

Niewątpliwie pierwszym źródłem apokryfów była tradycja. Niemniej jednak niepilnowana obrastała ona w nowe fakty, zmieniane zależnie od poglądów autorów, dostosowywana do okoliczności, kraju i fantazji. Wiemy dobrze, jak rozrastają się wielokrotnie powtarzane wiadomości, pierwotnie konkretne i lakoniczne. Zabawa w głuchy telefon, w którą bawiliśmy się jako dzieci – wskazuje najlepiej, jak informacje przekazywane przez kolejnych ludzi potrafią się zmieniać!

Fantazja tworzyła apokryfy, ale fantazja ta bywała ograniczana: często dla opisów osób, sytuacji i słów z życia Jezusa i Maryi brano wydarzenia Starego Testamentu i poprzez analogię do nich opisywano życie postaci, o których Ewangelie nie przynoszą wiadomości. Tak powstała w II w. *Protoewangelia Jakuba*, wychodząca prawdopodobnie od faktów (imiona rodziców), a opowieść o życiu Maryi zbudowano w niej, wzorując się na wydarzeniach i osobach wziętych ze Starego Testamentu, jak to ma miejsce na przykład w przypadku Anny, matki Maryi.

Niekiedy fantazja twórców apokryfów opierała się więc na faktach i na analogiach. Ale też bywała nieokiełznana i snuła opowieści nieprawdopodobne: o podróży Maryi do Egiptu i po Egipcie. Czasem w apokryfach budowana jest ciągłość postaci wzmiankowanych w Ewangeliach, przykładowo dobry i zły łotr pojawiają się właśnie w czasie wędrówki do Egiptu. Autorzy nie wahali się sięgać nawet do analogii wziętych z literatury klasycznej, np. historia uzdrowienia chłopca przemienionego w osła jest wprost wzięta z dzieł Apulejusza lub Lukiana z Samosaty.

Tutaj musimy otworzyć nawias i powiedzieć kilka słów o mentalności żydowskiej. Wszyscy pamiętamy wspaniały hymn o stworzeniu z Księgi Rodzaju opowiadający o Bogu, który stwarza świat i to, co na nim żyje, i który powołuje do istnienia człowieka. Pod tymi obrazami kryją się jednak zasadnicze prawdy wiary, a mianowicie, że Bóg jest stwórcą wszystkiego, że to, co stworzył, jest dobre, że człowiek jest stworzony na Jego obraz i podobieństwo. Wszystkie te prawdy są wyrażone nie w pojęciach abstrakcyjnych i spekulacjach kosmogonicznych, jak by to uczynili Grecy, ale w obrazach. Teologia Żydów to teologia wyrażona obrazami.

I chrześcijanie to od nich przejęli – obrazami wyrażali to, co Grecy opisywali, stosując pojęcia abstrakcyjne. Stąd też w apokryfach – zwłaszcza najstarszych – pod obrazami opowiadającymi o jakichś wydarzeniach kryje się teologia. Ten sposób komunikowania ówcześni odbiorcy świetnie rozumieli, natomiast dla nas nie zawsze jest on jasny: widzimy obrazy, a nie myśli pod nimi zawarte. Stąd częste nieporozumienia w interpretacji apokryfów, uważanych li tylko za barwne i fantazyjne obrazki, dobre dla małych dzieci.

Weźmy dwa dzieła: *Przeciw Celsusowi* – ważne pismo teologiczne Orygenesa, wybitnego teologa aleksandryjskiego, napisane w pierwszej połowie III w. i *Protowangelię Jakuba* – barwny apokryf z drugiej połowy II w, a więc tekst niemalże współczesny poprzedniemu. W obydwu zawarta jest polemika ze współczesnymi poglądami, stanowiącymi atak na chrześcijaństwo, oba więc mają ten sam cel: obronę czystości i piękna Maryi przed dość plugawymi zarzutami, stawianymi przez Żydów i pogan Jezusowi i Matce Bożej. Zarówno Orygenes w swojej apologii, jak i autor *Protowangelii* odpierają te zarzuty, jednak każdy z nich stosuje inną formę wypowiedzi. W apokryfach przed oczyma czytelnika przesuwają się obrazy Maryi pochodzącej ze znakomitego i bogatego rodu (bogactwo w tradycji żydowskiej nobilitowało człowieka!), czystej na ciele, wychowanej w świątyni, karmionej przez aniołów, dla której za interwencją boską wybrany jest godny starzec Józef, a w końcu czystość jej potwierdzają próba gorzkiej wody i akuszerki po porodzie (ta scena wydaje się nam dość brutalna). Proces Pana Jezusa przed Piłatem w *Ewangelii Nikodema* to apologia wobec zarzutów stawianych ówczesnym chrześcijanom, a dotyczących Jezusa, które po kolei są obalane w żywej dyskusji, czasami nawet przez samego Piłata! Natomiast w opisie ucieczki do Egiptu w *Ewangelii Arabskiej Dzieciństwa* pojawia się też egzegeza biblijna: zwierzęta towarzyszące Świętej Rodzinie w drodze do Egiptu i zginająca się palma to obrazy nawiązujące do Księgi Rodzaju – cała przyroda, jak tam, w raju, jest posłuszna Jezusowi. Tego rodzaju przykładów obrazowania treści teologicznych można podać dziesiątki. I jeśli dziś obrazy te dla nas pozostają żywe, a dla artystów są źródłem natchnienia, to niewątpliwie wywierały duże wrażenie na współczesnych.

W *Zstąpieniu do otchłani* (części *Ewangelii Nikodema*) autor stara się przedstawić problem zbawienia sprawiedliwych Starego Testamentu. I znowu, nie wdaje się w długie dyskusje teoretyczne, jakie znajdziemy nie tylko w ówczesnych traktatach teologicznych, ale i w dzisiejszych podręcznikach teologii, tylko w barwnych obrazach opisuje bardzo szczegółowo zstąpienie Pana Jezusa do otchłani, reakcje postaci biblijnych tam się znajdujących, a w końcu triumfalne wyprowadzenie ich z otchłani, skruszenie bram piekielnych i skucie kajdanami szatana. W tekście zawarty jest też opis sceny bardzo często przedstawianej na ikonach: Jezus wychodzi z głębin jaskini, prowadząc za rękę prarodziców – Adama i Ewę.

Wyobraźnia teologiczna autorów apokryfów nie zawsze tworzyła obrazy w pełni trafne i udane. Autor tzw. *Ewangelii Tomasza* (*Dzieciństwa*) (prawdę mówiąc, nie bardzo mądry!) chcąc przekonać swoich współczesnych do tego, że Pan Jezus od dziecka był Bogiem, snuje opowiadania o Jego nieprawdopodobnych cudach. Oto mały Jezus lepi z gliny ptaszki i ożywia je (jak Bóg stwarzający świat!), przemienia kolegów w świnie i pokazuje w ten sposób swą moc, a nauczyciel w szkole, który źle się do Niego zwraca, pada trupem, by za chwilę być przez Niego wskrzeszonym – z takich opowiadań utkana jest cała *Ewangelia Tomasza*, dawniej utwór wyjątkowo popularny.

Apokryfy także z innego względu stanowiły szczególną formę przekazu teologicznego. We wczesnym chrześcijaństwie powstawało wiele grup religijnych (szczególnie aktywne były różne odcienie gnostycyzmu), które szukały sposobu, w jaki mogłyby przekazać treść swojej nauki. Wybierały język obrazów, opowiadając, jak to Pan Jezus przekazał im tajemną treść, lub w zdaniach przypisywanych Jezusowi formułując swoją naukę. Tak jest chociażby w sławnej gnostyckiej *Ewangelii Tomasza* z Nag Hammadi, która składa się ze 114 zdań (logiów) Jezusa zbliżonych w formie do tych, które znamy z Ewangelii; niektóre z nich zawierają mniej lub bardziej podcieniowane treści nakierowujące na idee gnostyckie, inne są po prostu tekstami gnostyckimi, jeszcze inne zawierają prawdziwie piękne frazy i nawet, być może, nawiązują do prawdziwej nauki Jezusa. Teksty gnostyckie bywają różne: jedne zaledwie podcieniowują naukę Jezusa, jak np. *Ewangelia Tomasza*, inne są bardziej radykalne, jak Ewangelia Judasza, w której gloryfikowana jest postać zdrajcy.

Tu pojawia się problem słów przypisywanych Panu Jezusowi – nazwano je z grecka *agrapha* – „niezapisane". Odkryto je najpierw na papirusach, potem okazało się, że wiele słów przypisywanych Jezusowi znajduje się w pismach nie tylko pisarzy starochrześcijańskich, ale i średniowiecznych, a w końcu i muzułmańskich, począwszy od *Koranu*. A bywają piękne, np.: *Ujrzałeś brata swego, ujrzałeś Boga swego* – cytuje słowa Jezusa Klemens Alekandryjski (II w.). W meczecie koło Nowego Delhi w Indiach znajduje się taki *agraphon* Jezusa: *Świat jest mostem. Przechodźcie przez niego, ale nie zatrzymujcie się na nim, aby mieszkać.* Odkrycie tych agrafów przyjęto z entuzjazmem: myślano, że zostało znalezione nowe źródło do poznania życia i nauki Jezusa. Dziś, po ponad stuleciu badań, okazuje się, że wyniki są mierne – zaledwie około dwadzieścia takich zdań można ewentualnie przypisać Jezusowi.

Mówiąc o apokryfach, trzeba dodać, że istnieją jeszcze inne księgi dotyczące postaci biblijnych. Przede wszystkim są to dzieje apostolskie: setki opowiadań o apostołach, które powstawały od II w. i „uzupełniają" dość skąpe wiadomości o uczniach, zawarte w księgach kanonicznych. Zachowały się też listy niekanoniczne. Pisali je wszyscy: nie tylko apostołowie (Paweł, Barnaba, Tytus), ale i Matka Boża, a nawet sam Pan Jezus napisał list do trędowatego króla Edessy Abgara, a w końcu wysłał również list z nieba dotyczący świętowania niedzieli. I wreszcie apokalipsy: opisy wędrówek po zaświatach apostołów, a także Maryi, którzy odwiedzają różne kategorie dusz w zaświatach, szczególnie grzeszników. Dodajmy, że nie są to tylko opisy przygód – to swoisty wykład teologii moralnej: wskazanie, jakie konkretnie kary grożą za dane czyny w przyszłym świecie.

Obecna nieautoryzowana biografia Jezusa okazuje się więc nie bardzo pożyteczna dla odkrywania Jego historycznej postaci. Natomiast jest niezwykle ważna dla odkrycia tego Jezusa, który idzie przez wieki – Jezusa, jakim Go widzieli ludzie: zwyczajni chrześcijanie Antiochii, Aleksandrii, Rzymu czy Mediolanu, tacy ówcześni Nowakowie i Kowalscy, ale także chrześcijanie syryjscy, koptyjscy, gruzińscy. W pismach apokryficznych znajdują się nie tylko opowiadania o postaciach biblijnych, ale zawarta w nich jest także teologia; ukazują one obraz Jezusa, Jego życia i nauki oraz – w szczególny sposób – Jego Matki. Pisma Ojców Kościoła przekazały nam teologię uczoną, apokryfy – teologię, którą uprawiał przeciętny chrześcijanin tamtych czasów.

Książka zaczyna się więc od dziejów Maryi: historii Jej rodziców, narodzenia, pobytu w świątyni, małżeństwa z Józefem – przy okazji poznajemy milczącego w Ewangeliach opiekuna Jezusa. Poprzez piękny opis Bożego Narodzenia, nadzwyczajnej gwiazdy i przybycia egzotycznych gości, trzech Króli, oraz niezliczonych cudów po drodze do Egiptu i w samym Egipcie wchodzimy w życie Jezusa. Powrót do Nazaretu przynosi barwne i nie zawsze mądre opisy Jego psikusów, opowiedzianych w *Ewangelii Tomasza* (*Dzieciństwa*). Życiu publicznemu Jezusa apokryfy nie poświęcają wiele miejsca, choć przytaczają liczne słowa, które miał On wypowiedzieć – ich wybór również znajdziemy w tej książce.

Następnie wkraczamy w trzeci wielki cykl opowiadań nieautoryzowanych: dotyczących procesu i męki Jezusa, szczególnie w pięknej *Ewangelii Nikodema*, zawierającej też obszerny opis Jego zstąpienia do otchłani, natomiast sam opis zmartwychwstania pozostaje jakby na marginesie: autorzy nie czują się zdolni go podjąć.

Obok Jezusa pojawia się liczny orszak innych postaci związanych z męką: historycznych, jak Piłat, Herod i Judasz, oraz fikcyjnych, np. niejaki Woluzjanus czy Weronika; ponadto pojawiają się cesarze rzymscy – Tyberiusz i Klaudiusz.

Warto zwrócić uwagę, iż biografia nieautoryzowana zaczyna się od przedstawienia postaci Maryi, sięgając aż do Jej narodzin, a kończy się pięknym, teologicznym obrazem Jej odejścia: nie jest to śmierć, lecz uśpienie lub też *transitus* – przejście do drugiego świata (termin nawiązuje do innego „przejścia" Jej Syna – do Jego zmartwychwstania), dokąd ją niesie Jej Syn, który przybywa po Nią. A odchodzi ze świata otoczona apostołami, czyli całym Kościołem; ci zaś przybyli ze wszystkich krain, gdzie głosili Ewangelię, niesieni na obłokach (pamiętajmy, że obłok w Starym Testamencie to obraz Boga), jak to przedstawia śliczna ikona z muzeum lwowskiego, gdzie dwunastu apostołów zmierza do Maryi na dwunastu chmurkach!

Piękny i pełen ciepła jest ten świat apokryfów o Jezusie i Maryi, przywodzi na myśl legendy, w których opowiadanie ludzie wkładali swoje serce. Dlatego trudno się dziwić, że apokryfy stały się natchnieniem dla kultury. Takie wielkie dzieła literatury, jak np. noblistów Selmy Lagerlöf (*Opowiadania o Chrystusie*), Henryka Sienkiewicza (*Quo vadis?*) czy Pära Lagerkvista (*Barabasz*), czerpały natchnienie z apokryfów. *Capella Scrovegni* Giotta w Padwie czy ołtarz Wita Stwosza w Krakowie wyrażają treści wzięte z apokryfów. A czy wielkim apokryfem godnym najbujniejszych apokryfów orientalnych nie jest pochód Trzech Króli Benozza

Gozzolego w Palazzo Medici-Riccardi we Florencji? Listę tę można by wydłużać. Rola kulturotwórcza apokryfów nie została jeszcze opisana i czeka na swoje opracowanie.

Do dziś powstają nowe, szczególnie liczne w drugiej połowie XX w., apokryfy. Wystarczy wymienić kilka najlepszych dzieł, jak np. Jana Dobraczyńskiego *Listy Nikodema* i *Cień Ojca* czy *Judasz* Lanza del Vasto lub świetny (niestety zapomniany) dramat Karola Huberta Rostworowskiego *Judasz z Kariotu*. Życie Jezusa i apostołów jest nośnym tematem i każdy z nas, gdy poruszy wyobraźnię i serce, znajdzie w Nowym Testamencie coś, co nie zostało tam opisane. Na tym właśnie polega twórcza rola apokryfów.

Niemniej jednak apokryfy mają też swoją czarną legendę. *Apokryphos* – to znaczy „ukryty". Niejednokrotnie można spotkać się z mniemaniem, iż Kościół, a nawet ogólniej, chrześcijaństwo, ma coś do ukrycia – coś, czego nie można objawić wszystkim. Utwory zawierające te treści są ukryte gdzieś w Watykanie, a opublikowanie ich grozi strasznymi karami. Jezus – Isu, jak głoszą tego typu teorie, miał być w Egipcie i w Tybecie, gdzie przechowywane są jego egzoteryczne teksty, a tych, którzy próbowali je opublikować, spotykały prześladowania. Temu podobne historie pojawiają się co kilka lat i mimo że szybko są demaskowane, cieszą się niesłabnącym powodzeniem. Toteż katecheci, gdy zaczynają mówić o apokryfach, spotykają się z żywym zainteresowaniem, a czasem i zaniepokojeniem wśród słuchaczy, którzy wyrażają obawy, czy za podejmowanie tego tematu nie grożą kary kościelne. W tym miejscu wypada odesłać Czytelnika do świetnej książki szwedzkiego teologa i historyka Pera Beskowa, który opowiada obszernie o tych wszystkich „apokryficznych szachrajstwach". A autor niniejszego wstępu, dodajmy, jest tłumaczem pięciotomowego wydania polskich apokryfów, opublikowanego przez jezuickie Wydawnictwo WAM (pierwszym wydawcą był Katolicki Uniwersytet Lubelski), ponadto był pracownikiem Watykanu, wykładowcą papieskich uniwersytetów w Rzymie (gdzie między innymi wykładał o apokryfach!), natomiast dziś wykłada jeszcze na Papieskim Wydziale Teologicznym w Warszawie oraz ponad pół wieku w Seminarium Duchownym w Warszawie i – o ile Wydawnictwu wiadomo – nie toczy się przeciw niemu żaden proces kościelny!

Zdecydowanie warto jest czytać apokryfy: nieautoryzowane biografie Jezusa czy Maryi bez wątpienia mogą przynieść nam wiele dobra. Nie zapominajmy jednak, że to Ewangelia, biografia Jezusa autoryzowana przez Kościół, jest podstawą naszej wiary.

ks. Marek Starowieyski

PRZED NARODZENIEM

JOACHIM, OJCIEC MARYI

Zapisano w dziejach dwunastu pokoleń, że Joachim był niezmiernie bogaty i składał Panu swoje dary w dwójnasób, mówiąc do siebie: „To, co złożyłem ponad miarę, będzie dla całego ludu; to zaś, co złożyłem Panu Bogu na odpuszczenie [grzechów], niech będzie dla mnie ofiarą przebłagania". Protoewangelia Jakuba, 1

Był on pasterzem swoich owiec i człowiekiem bojącym się Pana w prostocie swojej. Zajmował się jedynie swoją trzodą, a korzyści, jakie z niej miał, przeznaczał dla wszystkich bojących się Boga [...] Wszystkie swe dochody, czy to z baranów, czy to z owiec, czy to z wełny, czy z czegokolwiek innego, dzielił na trzy części: jedną część rozdawał wdowom, sierotom, podróżnym [pielgrzymom] i ubogim, drugą przeznaczał dla służących Bogu, trzecią zaś zachowywał dla siebie i dla swoich domowników. A gdy on tak czynił, Bóg pomnażał jego trzody, gdyż nie było w Izraelu męża jemu podobnego. Postępował zaś on tak od piętnastego roku życia. Kiedy miał lat dwadzieścia, wziął za żonę Annę, córkę Isachara, która pochodziła z tego samego pokolenia, to jest z pokolenia i z rodu Dawida. I żył z nią w małżeństwie dwadzieścia lat, nie mając z niej jednak dzieci. Ewangelia Pseudo-Mateusza, 1

Zbliżył się wielki dzień Pański i synowie Izraela składali swe dary. I stanął przed nim Ruben, i rzekł: „Nie godzi się, byś ty jako pierwszy składał swe dary, jako że nie zrodziłeś potomka w Izraelu". I zasmucił się wielce Joachim, i odszedł do spisów dwunastu pokoleń, mówiąc do siebie: „Zajrzę do Protoewangelia Jakuba, 1 księgi dwunastu pokoleń Izraela, czy tylko ja jeden nie zrodziłem potomka w Izraelu". I przebadał, i stwierdził, że wszyscy sprawiedliwi wzbudzili potomstwo w Izraelu. I wspomniał na patriarchę Abrahama, któremu Pan dał syna Izaaka dopiero w ostatnich dniach życia (por. Rdz 18,11–14). I zasmucił się wielce Joachim, i nie pokazał się swej żonie, lecz udał się na pustynię. I rozbił tam swój namiot, i pościł czterdzieści dni i czterdzieści nocy, i mówił do siebie Joachim: „Nie zstąpię z góry ani aby jeść, ani aby pić, póki nie spojrzy na mnie Pan, Bóg mój, i będzie mi modlitwa pokarmem i napojem".

ANNA, ŻONA JOACHIMA

Żona jego Anna dwakroć odśpiewała pieśń żałobną i dwakroć odprawiła zawodzenie, mówiąc: „Będę opłakiwała moje wdowieństwo i będę opłakiwała moją bezdzietność".

Ewangelia Pseudo-Mateusza, 1

Przez pięć miesięcy jego żona Anna nie miała o nim żadnej wieści. Podczas modlitwy płakała i mówiła: „O Panie, oto nie dałeś mi synów, dlaczego i męża mego mi zabrałeś? Minęło bowiem pięć miesięcy, a nie widzę mego męża. I nie wiem, czy zmarł, abym przynajmniej mogła mu sprawić pogrzeb". I kiedy tak płakała w ogrodzie swego domu, wznosząc w modlitwie oczy ku Panu, zobaczyła gniazdo wróbli na drzewie laurowym i zawołała z jękiem do Pana: „Panie Boże wszechmogący, który obdarzyłeś potomstwem wszelkie stworzenie, zwierzęta dzikie i domowe, gady, ryby, ptaki i wszystko to cieszy się ze swego potomstwa, dlaczego mnie jedną odsunąłeś od daru Twojej łaskawości? Ty wiesz, Panie, że od początku małżeństwa złożyłam ślub, iż jeżeli dasz mi syna lub córkę, ofiaruję je Tobie w tym świętym przybytku". I kiedy to powiedziała, nagle przed jej obliczem ukazał się anioł Pański i powiedział do niej: „Nie bój się, Anno, ponieważ w planach Bożych jest twój potomek, a dziecko, które się z ciebie narodzi, wzbudzi podziw po wszystkie czasy aż do końca świata". Gdy to powiedział, znikł sprzed jej oczu. Ona zaś, drżąca i zalękniona, gdyż oglądała taką wizję i słyszała taką mowę, udała się do komnaty i padła jak nieżywa na łoże swoje, i pełna bojaźni przez cały dzień i całą noc trwała na modlitwie. Następnie zawołała służącą i rzekła do niej: „Widzisz, że jestem wdową i mam tyle zmartwień, a ty nie chcesz przyjść do mnie?" Na to owa gderliwie odpowiedziała: „Jeżeli Bóg zamknął twoje łono i zabrał ci męża twego, to co ja mogę ci pomóc?" Słysząc to, Anna rzewniej płakała.

Zbliżył się wielki dzień Pański. I rzekła do niej Juthine, jej służebnica: „Dokądże jeszcze będziesz dręczyła swą duszę? Oto zbliżył się wielki dzień Pański i nie godzi się, byś płakała. Ale weź tę oto przepaskę na głowę, którą dała mi właścicielka warsztatu. Nie wypada mi jej sobie nałożyć, bo jestem twoją służebnicą, a przepaska nosi pieczęć królewską". I rzekła Anna: „Odejdź ode mnie! I ja tego nie uczyniłam, i Pan Bóg mnie wielce upokorzył. Może otrzymałaś ją od złoczyńcy i przyszłaś, by uczynić mnie wspólniczką grzechu". I rzekła Juthine: „Jakże mam cię przekląć, jeśli nie usłuchałaś mego głosu? Zamknął Pan Bóg twoje łono, byś nie wydała owocu w Izraelu". Protoewangelia Jakuba, 2–4

I zasmuciła się wielce Anna, i zdjęła z siebie szaty żałobne, i namaściła swą głowę, i wdziała swe szaty małżeńskie. I około godziny dziewiątej zeszła na przechadzkę do swego ogrodu, i ujrzała krzew wawrzynu, i usiadła pod nim, i gdy odpoczywała, błagała Pana wszechwładnego, mówiąc: „Panie ojców moich, pobłogosław mi i wysłuchaj modlitwę moją tak, jak pobłogosławiłeś Sarę i dałeś jej syna – Izaaka".

I Anna spojrzała w niebo i zobaczyła gniazdko ptaszków na krzewie wawrzynu. I wydała wtedy okrzyk bólu, i rzekła do siebie: „Biada mi! Któż mnie zrodził, jakież łono mnie wydało? Zostałam bowiem zrodzona przeklętą wobec synów Izraela. Bo stałam się przedmiotem obelg, zelżona, wyszydzono mnie i wygnano ze świątyni Pana, Boga mojego. Biada mi! Komuż stałam się podobną? – Nie stałam się nawet podobną do ptactwa niebios, bo nawet ptactwo niebios płodne jest – widzisz to, Panie! Biada mi! Komuż stałam się podobną? – Nie stałam się podobną do nierozumnych zwierząt, bo nawet nieme zwierzęta płodnymi są – widzisz to, Panie! Biada mi! Komuż stałam się podobną? – Nie stałam się podobną dzikim zwierzętom ziemi, bo nawet dzikie zwierzęta płodnymi są – widzisz to, Panie! Biada mi! Komuż stałam się podobną? – Nie jestem nawet podobna tym wodom, wody te bowiem raz są spokojne, raz wzburzone i ryby w nich zrodzone chwalą Cię, Panie! Biada mi! Komuż stałam się podobną? – Nie stałam się nawet podobna tej ziemi, bo ziemia wydaje swe owoce w czasie sposobnym i chwali Cię, Panie!"

I oto anioł Pański stanął i rzekł: „Anno, Anno. Wysłuchał Pan Bóg modlitwę twoją. Poczniesz i porodzisz, a potomstwo twoje będzie przepowiadane po całej ziemi". Rzekła Anna: „Na Boga żywego, czy zrodzę chłopca czy dziewczynkę, zawiodę ją w darze Panu, Bogu mojemu, i będzie Mu służyło po wszystkie dni swego żywota".

I oto przyszli dwaj zwiastuni i rzekli: „Oto Joachim, mąż twój, przybywa ze swymi stadami".

OBJAWIENIE JOACHIMA

W tym samym czasie w górach Joachimowi, gdy pasł stada, ukazał się pewien młodzieniec i zapytał go: „Czemu nie wracasz do swojej żony?" A Joachim odpowiedział: „Przez dwadzieścia lat żyłem z nią, teraz zaś, ponieważ Bóg nie chciał mi dać z niej synów, ze wstydem i hańbą opuściłem świątynię Bożą. Jakże mogę powrócić do swojej małżonki raz już odrzucony i wzgardzony? Tu zostanę z moimi owcami, jak długo Bóg zechce, żebym żył. Dobytek mój z pomocą sług moich rozdam ubogim, wdowom, sierotom i czcicielom Boga". A kiedy to powiedział, rzekł do niego młodzieniec: „Jestem aniołem Bożym. Ukazałem się twojej żonie dzisiaj, kiedy płakała i modliła się, i pocieszyłem ją. Wiedz, że ona poczęła ci córkę z nasienia twego. Ona zaś będzie świątynią Boga i Duch Święty spocznie na niej; będzie błogosławiona ponad wszystkimi świętymi niewiastami, tak że nikt nie będzie mógł powiedzieć, iż była taka przed nią, a i po niej nie pojawi się na tym świecie żadna jej podobna. Zejdź więc z gór i wracaj do małżonki twej, a znajdziesz ją brzemienną. Wzbudził bowiem Bóg potomstwo z niej i uczynił ją matką wiecznego błogosławieństwa". Joachim oddał pokłon aniołowi i rzekł doń: „Jeżeli znalazłem łaskę u ciebie, spocznij nieco w namiocie moim i pobłogosław mnie, twemu słudze". Anioł powiedział mu: „Nie nazywam cię sługą, lecz towarzyszem moim. Jesteśmy bowiem sługami jedynego

Ewangelia Pseudo-Mateusza, 3–4

Pana. Albowiem pokarm mój jest niewidzialny, a napoju mego nie mogą widzieć ludzie śmiertelni, dlatego nie powinieneś mnie prosić, abym wszedł do twego namiotu, lecz to, co mnie zamierzasz dać, złóż na ofiarę całopalną Bogu". Wtedy Joachim wziął nieskalanego baranka i powiedział aniołowi: „Nie ośmieliłbym się złożyć ofiary całopalnej Bogu, gdybyś swoim rozkazem nie udzielił mi przywileju składać ofiary". Anioł odpowiedział mu: „Nie poleciłbym tobie złożyć ofiary, gdybym nie znał woli Pańskiej". Kiedy zaś Joachim składał ofiarę Bogu, stało się, że anioł wraz z wonią ofiary jakby z dymem uniósł się do nieba.

Wtedy Joachim padł na twarz i tak pozostał od szóstej godziny dnia aż do wieczora. Kiedy zaś przybyli słudzy jego i najemnicy, nie wiedząc, co się stało, przerazili się; sądzili bowiem, że zamierzał pozbawić się życia, i zbliżywszy się do niego, z trudem podnieśli go z ziemi. Kiedy on opowiedział im o tym, co zobaczył, oni pełni zdumienia i podziwu zachęcali go, aby bezzwłocznie spełnił rozkaz anioła i rychło powrócił do swojej małżonki. I gdy Joachim zastanawiał się, czy powinien wrócić, ogarnął go sen i powtórnie ukazał mu się we śnie anioł, którego widział już na jawie, i rzekł doń: „Jestem aniołem, którego Bóg wyznaczył ci na stróża. Bez obawy zejdź z gór i wracaj do Anny, ponieważ uczynki miłosierdzia, które ty i twoja żona Anna spełnialiście, zostały zaniesione przed oblicze Najwyższego. Wam został dany taki potomek, jakiego od początku ani prorocy, ani święci nie mieli i nigdy mieć nie będą". Joachim, obudziwszy się, zawołał pasterzy i opowiedział im swój sen. Oni zaś oddali pokłon Bogu i rzekli doń: „Bacz, abyś nie obraził anioła Pańskiego. Wstań więc i ruszajmy, a idźmy powoli, pasąc po drodze stada".

Kiedy trzydzieści dni już wędrowali i byli blisko, ukazał się Annie podczas modlitwy anioł Pański i rzekł jej: „Wyjdź do bramy zwanej Złotą i wybiegnij na spotkanie twego małżonka, gdyż dziś wróci on do ciebie". Ona zaś pośpiesznie podążyła ze służebnicami swymi i modląc się, stanęła w pobliżu owej bramy. Kiedy tak długo czekała i znużyła się wyczekiwaniem, podnosząc oczy, zobaczyła Joachima kroczącego wśród swoich stad. A podbiegając, rzuciła mu się na szyję i dziękowała Bogu, mówiąc: „Byłam wdową, a oto już nie jestem, byłam niepłodną, a oto już poczęłam". I wielka radość ogarnęła wszystkich sąsiadów i znajomych, cały kraj i sąsiednie krainy cieszyły się z tej wieści.

I spoczął Joachim pierwszy dzień w swym domu.

Następnego dnia zaniósł swe dary, mówiąc do siebie: „Jeśli Pan Bóg zmiłował się nade mną, to sprawi, że ujrzę złotą blachę arcykapłana". I zaniósł Joachim swe dary, i wpatrywał się w złotą blachę arcykapłana, podczas gdy wstępował ku ołtarzowi Pańskiemu, i nie dostrzegł w sobie grzechu. I rzekł Joachim: „Teraz już wiem, że Pan Bóg zmiłował się nade mną i odpuścił mi wszystkie grzechy". I odszedł od ołtarza Pańskiego usprawiedliwiony, i udał się do swego domu.

Protoewangelia Jakuba, 1–5

NARODZINY MARYI

I wypełniły się jej miesiące około sześciu. W siódmym zaś miesiącu porodziła Anna i rzekła do położnej: „Co porodziłam?" I rzekła położna: „Dziewczynkę". I rzekła Anna: „W tym dniu dusza moja została wywyższona". I ułożyła ją [dziewczynkę]. Gdy zaś wypełniły się dni, została oczyszczona Anna ze swej nieczystości i poczęła piersią karmić dziecko, i nazwała je imieniem Maryja.

Ewangelia Pseudo-Mateusza, 3–4

Z dnia na dzień dziecko wzrastało w siły. Gdy zaś minęło sześć miesięcy, postawiła je matka na ziemi, by wypróbować, czy będzie stała. I przeszedłszy siedem kroków, wróciła na łono swej matki. I wzięła je matka w ramiona, mówiąc: „Na Boga żywego, nie będziesz chodziła po tej ziemi, dopóki nie zaprowadzę cię do świątyni Pańskiej". I uczyniła w swej komnacie sypialnej świątynię, i nie pozwoliła, by spożywała cokolwiek skalanego czy nieczystego. I zwołała córy Hebrajczyków, które były bez zmazy, i one bawiły ją.

Gdy dziecko ukończyło pierwszy rok życia, wydał Joachim wielką ucztę i zaprosił kapłanów, arcykapłanów i uczonych w Piśmie, i radę starszych, i cały lud Izraela. I Joachim przyniósł dziecię kapłanom i pobłogosławili [je], mówiąc: „Bóg ojców naszych niech pobłogosławi to dziecię, niech da jej imię znakomite pośród wszystkich narodów na wieki". I rzekł cały lud: Niech tak się stanie, amen!" I zaniósł ją arcykapłan, i błogosławił ją, mówiąc: „Boże wysokości, spójrz na to dziecię i obdarz ją błogosławieństwem największym, ponad które nie ma już większego". I zaniosła je matka do świątyni, którą uczyniła w komnacie swojej sypialnej, i podała dziecku pierś do ssania. I zaśpiewała Anna pieśń Panu Bogu tymi słowami:

„Pieśń świętą zaśpiewam Panu, Bogu mojemu, gdyż nawiedził mnie i zdjął ze mnie szyderstwa moich nieprzyjaciół. I dał mi Pan Bóg owoc mojej sprawiedliwości, choć jedyny, jednak znaczący wiele w Jego oczach. Któż oznajmi synom Rubena, że Anna karmi mlekiem?

Słuchajcie, słuchajcie, dwanaście plemion Izraela: Oto Anna karmi mlekiem!"

I złożyła ją w świątyni, którą uczyniła w swej komnacie sypialnej, i wyszła, aby im [gościom] służyć. Gdy zaś uczta się skończyła, odeszli pełni radości i chwalili Boga Izraela.

DWUNASTOLETNIA MARYJA W ŚWIĄTYNI

Upływały dzieweczce miesiące. Gdy dziecię osiągnęło wiek dwu lat, rzekł Joachim: „Zaprowadzimy ją do świątyni Pana dla wypełnienia przyrzeczenia, które złożyliśmy, by snadź Pan wszechwładny nie zesłał [na nas kary], i nasza ofiara nie została odrzucona". I rzekła Anna: „Poczekajmy, aż będzie miała trzy lata, by nie szukała ojca i matki". I rzekł Joachim: „Poczekajmy". W końcu dziecię osiągnęło wiek trzech lat, i rzekł Joachim: „Zawołajmy córki Hebrajczyków, które są bez zmazy, i niech każda z nich weźmie kaganek; niech kaganki będą zapalone, by nie zwróciła się wstecz, i serce jej nie zostało uwięzione daleko od świątyni Pańskiej". I uczyniły tak, aż doszły do świątyni Pańskiej. I przyjął je kapłan, i ucałowawszy, pobłogosławił ją i rzekł: „Pan Bóg wywyższy twe imię pośród wszystkich narodów. Na tobie w dniach ostatecznych ukaże Pan zbawienie synom Izraela". I posadził ją na trzecim stopniu ołtarza, i Pan zesłał na nią łaskę, i zatańczyła na swych nóżkach, i ukochał ją cały dom Izraela.

Protoewangelia Jakuba, 7

Skoro zaś Maryja znalazła się przed świątynią Pańską, weszła pośpiesznie po piętnastu stopniach, nie spoglądając w tył, ani też, jak to dzieci zwykły czynić, nie szukając rodziców. Wprawiło to wszystkich obecnych w zdumienie, a nawet sami kapłani ze świątyni byli pełni podziwu.

Ewangelia Pseudo-Mateusza, 4–6

Wtedy Anna napełniona Duchem Świętym wobec wszystkich zawołała: „Pan, Bóg zastępów, wspomniał na słowo swoje i nawiedził lud swój świętym swoim nawiedzeniem, aby ukorzyć narody, które przeciwko nam powstały, i nawrócić ku sobie ich serca. On wysłuchał prośby nasze i oddalił od nas szyderstwa nieprzyjaciół naszych. Niepłodna stała się matką i sprawiła radość i wesele w Izraelu. Oto teraz będę mogła składać Panu ofiary i nie zabronią mi tego nieprzyjaciele moi. Pan bowiem odwrócił ich ode mnie i dał mi wieczną radość. Cały lud był natomiast pełen podziwu dla Maryi. Chociaż liczyła ona zaledwie trzy lata, kroki jej były już tak pewne, słowa tak mądre, a modlitwa tak doskonała, że można było ją wziąć za dorosłą, a nie za dziecko. Modliła się tak długo, jakby miała już trzydzieści lat; twarz jej lśniła jak śnieg i z trudem można było na nią patrzeć. Pracowała przy kądzieli i w tak młodym wieku wykonywała sprawnie wszystkie prace, które z trudem spełniały starsze kobiety. Przyjęła sobie taką regułę życia, że od rana aż do trzeciej godziny modliła się, od godziny trzeciej aż do dziewiątej zajmowała się tkaniem. A od dziewiątej ponownie wracała do modlitwy aż do momentu, kiedy ukazywał się jej anioł Pański, z którego rąk przyjmowała posiłek. Tak coraz bardziej udoskonalała się w oddawaniu chwały Bożej. Dla starszych dziewic była Maryja wzorem w oddawaniu chwały Bogu: ochotna w czuwaniach, biegła w prawie Bożym, uniżona w pokorze, rozmiłowana w Psalmach Dawidowych, wdzięczna w miłości, skromna w czystości, niedościgniona we wszelkiej cnocie. Była bowiem stała, nieporuszona, niezmienna, i każdego dnia zabiegała o jeszcze większą doskonałość. Nikt nie widział jej zagniewanej ani złorzeczącej.

Każde jej słowo było tak pełne łaski, że Boga rozpoznawano na jej wargach. Zawsze trwała na modlitwie lub rozważaniu prawa Bożego. Troszczyła się o swoje towarzyszki, by nie zgrzeszyły ani nawet jednym słowem, ani też nie podnosiły głosu, śmiejąc się, by równych sobie nie znieważały ani też nie pyszniły się względem nich. Bezustannie chwaliła Boga i, aby nawet przy pozdrowieniu nie przerywać wysławiania Boga – gdy ktoś ją pozdrowił – odpowiadała na pozdrowienie słowami: „Bogu niech będą dzięki". Maryja posilała się jedynie tym pokarmem, który otrzymywała codziennie od anioła, a pożywienie, które dawali jej kapłani, rozdawała ubogim. Często widziano ją, jak rozmawiała z aniołami, którzy usługiwali jej z wielką serdecznością. A jeśli jakiś chory dotknął się jej, natychmiast zdrów wracał do domu swego.

MAŁŻEŃSTWO MARYI I JÓZEFA

Ewangelia Pseudo-Mateusza, 7

Kapłan Abiatar złożył arcykapłanom wielkie dary, aby mógł zabrać Maryję na żonę dla swego syna. Ona zaś sprzeciwiła się im, mówiąc: „Nie jest to możliwe, bym poznała męża albo mąż poznał mnie". Arcykapłani zaś i wszyscy jej krewni tłumaczyli jej: „Bóg w dzieciach jest czczony i wielbiony jest w potomkach; tak zawsze było w Izraelu". Odpowiadając zaś, Maryja rzekła: „Przede wszystkim Bóg uznawany jest i czczony w czystości. Albowiem przed Ablem nie było nikogo sprawiedliwego wśród ludzi. On przez swoją ofiarę spodobał się Bogu i został okrutnie zabity przez tego, który nie był miły Panu. Otrzymał jednak dwie korony: jedną za swój dar ofiarny, drugą za swoją dziewiczość, ponieważ nigdy nie zhańbił ciała swego. Także Eliasz w ciele został uniesiony do nieba, gdyż zachował dziewiczość ciała. Przebywając w świątyni Bożej, już w dzieciństwie zrozumiałam, że można być miłym Bogu, zachowując dziewictwo. Dlatego postanowiłam w swoim sercu, że nigdy nie poznam męża".

Ewangelia Pseudo--Mateusza, 8

Kiedy Maryja miała już czternaście lat, faryzeusze znaleźli pretekst, by ogłosić, iż wedle zwyczaju kobieta nie może przebywać w świątyni Pańskiej. Dlatego też wysłano herolda do wszystkich pokoleń Izraela z rozkazem, by na trzeci dzień wszyscy przyszli do świątyni Pańskiej. Gdy zaś cały lud zgromadził się, arcykapłan Isachar wystąpił i wszedł na podwyższenie, aby przez wszystkich mógł być słyszany i widziany. Kiedy nastała cisza, rzekł: „Słuchajcie mnie, synowie Izraela, i zważcie na moje słowa. Od czasu zbudowania tej świątyni przez Salomona przebywały w niej dziewice, córki królów, proroków oraz najwyższych kapłanów i arcykapłanów, cieszące się szacunkiem i podziwem. Jednak po dojściu do odpowiedniego wieku wychodziły za mąż, naśladując postępowanie swoich poprzedniczek, i podobały się Bogu. Tymczasem Maryja, ślubując dziewictwo, wynalazła nowy sposób przypodobania się Bogu. A zatem wydaje mi się, że powinniśmy poradzić się Boga i poznać odpowiedź Bożą, czyjej opiece należy ją powierzyć". Słowa te podobały się całej synagodze. Kapłani z dwunastu pokoleń Izraela pociągnęli losy, a los padł na pokolenie Judy. I kapłan z tego pokolenia przemówił: „Jutro niech przyjdzie każdy, kto nie ma żony, i niech przyniesie z sobą różdżkę". Przyszedł zatem wraz z młodzieńcami i Józef, choć starszy wiekiem, i przyniósł różdżkę. A kiedy oddali swoje różdżki najwyższemu arcykapłanowi, ten złożył ofiarę Bogu i zapytał Pana. Pan odpowiedział mu: „Złóż wszystkie różdżki do Świętego Świętych, i tam niech one pozostaną. I poleć im, by nazajutrz wrócili do ciebie i odebrali swoje różdżki. Z końca jednej z nich wzleci gołębica i wzbije się w niebo: kto będzie trzymał ową różdżkę w ręku, temu Maryja zostanie przekazana pod opiekę". Gdy zaś następnego dnia z samego rana zeszli się wszyscy, arcykapłan po złożeniu ofiary kadzielnej wszedł do Świętego Świętych i wziął różdżki. I kiedy rozdał je każdemu, a z żadnej nie wzleciała gołębica, arcykapłan Abiatar ubrał się w szatę kapłańską z dwunastoma dzwoneczkami i wszedłszy do Świętego Świętych, wrzucił kadzidło do ognia. W czasie modlitwy ukazał się anioł, mówiąc: „Jest tu pominięta przez ciebie mała różdżka, którą razem z innymi położyłeś. Kiedy weźmiesz ją i oddasz właścicielowi, ukaże się na niej znak, o którym ci mówiłem". A była to różdżka Józefa, który będąc starcem, uważał się za odrzuconego i nie szukał swojej różdżki, aby przypadkiem nie musiał przyjąć opieki nad Maryją. I kiedy pokornie stał na końcu, arcykapłan Abiatar głośno zawołał do niego, mówiąc: „Podejdź i weź swoją różdżkę, bo na ciebie czekamy". Józef z obawą zbliżył się, gdyż najwyższy arcykapłan wywołał go wielkim głosem. Kiedy wyciągnął rękę, by wziąć swoją różdżkę, natychmiast z jej końca wyleciała gołębica bielsza od śniegu i bardzo piękna. Długo krążyła pod sklepieniem świątyni, a potem uleciała do nieba. Wtedy cały lud gratulował starcowi, mówiąc: „Szczęśliwy jesteś w swojej starości, gdyż Bóg ciebie uznał za godnego przyjęcia opieki nad Maryją". Kapłani zaś rzekli mu: „Przyjmij ją, ponieważ ty jeden z całego pokolenia Judy przez Boga zostałeś wybrany". Józef zaś począł błagać i prosić, nieśmiało zapytując: „Jestem stary i mam synów; dlaczego więc mnie powierzacie tę dzieweczkę, która ze względu na wiek mogłaby być moją wnuczką, a nawet jest młodsza od moich wnuczek?" Wtedy najwyższy arcykapłan Abiatar rzekł: „Pamiętaj, Józefie, że Datan, Kore i Abiron zginęli, bo sprzeciwiali się woli Bożej. Tak też i z tobą się stanie, jeżeli odmówisz spełnienia tego, co Bóg ci nakazuje". Józef odpowiedział: „Nie sprzeciwiam się woli Bożej, lecz dotąd będę strzegł dzieweczki, aż poznam, który z moich synów zgodnie z wolą Bożą może wziąć ją za małżonkę. Tymczasem niech kilka dziewcząt z jej otoczenia uda się wraz z nią, by razem przebywać". Arcykapłan Abiatar odpowiedział: „Dostanie wprawdzie dziewczęta dla towarzystwa, ale tylko do dnia, kiedy ty ją pojmiesz; albowiem nikt inny nie może z nią zawrzeć małżeństwa".

Wtedy Józef przyjął Maryję wraz z innymi pięcioma dziewczętami, które razem z nią miały przebywać w jego domu. Dziewczęta te zwały się: Rebeka, Sefora, Zuzanna, Abigea i Zahel.

Arcykapłan dał im jedwab, hiacynt, szkarłat, bisior, purpurę i len. Ciągnęły więc losy między sobą, co która z nich ma robić. Maryi przypadło w udziale wykonanie z purpury zasłony do świątyni Pańskiej. Kiedy zabrała się do pracy, pozostałe dziewczęta rzekły do niej: „Przypadła ci praca nad purpurą, chociaż jesteś najmłodsza z nas". Mówiąc tak, jakby w żartach, nazywały ją królową dziewic. Kiedy tak sobie żartowały, ukazał się anioł Pański i rzekł im: „Słowa te nie są żartem, lecz najprawdziwszą przepowiednią". Dziewczęta przeraziły się obecności anioła i jego słów i zaczęły prosić Maryję, by im przebaczyła i modliła się za nie.

Protoewangelia Jakuba, 10

W owym czasie zaniemówił Zachariasz (por. Łk 1,20) i zastępował go Samuel aż do chwili, gdy Zachariasz znów odzyskał mowę (por. Łk 1,64). A Maryja, wziąwszy szkarłat, zaczęła prząść.

SPOTKANIE Z ANIOŁEM

Kiedy zaś nazajutrz Maryja udała się do źródła i napełniła dzban wodą, ukazał się jej anioł Pański i rzekł: „Błogosławiona jesteś, Maryjo, gdyż przygotowałaś w łonie swoim mieszkanie dla Pana. Oto przyjdzie światłość z nieba, aby zamieszkać w tobie, a przez ciebie rozbłyśnie całemu światu". Ewangelia Pseudo-Mateusza, 9

Trzeciego dnia, kiedy pracowała nad purpurą, również przyszedł do niej młodzieniec o niezwykłej piękności. Maryja, widząc go, wielce się przeraziła. On zaś rzekł: „Nie lękaj się, Maryjo, znalazłaś bowiem łaskę u Boga. Oto poczniesz w łonie i porodzisz króla, który będzie panował nie tylko na ziemi, lecz i w niebie, i będzie rządził na wieki wieków".

Anioł powiedział: „Nie lękaj się, Maryjo; nie jestem tym, który skusił Ewę, jak i ty nie jesteś Ewą; jestem Archaniołem Gabrielem, który wciąż stoi przed Trójcą Świętą. Przez Trójcę Świętą zostałem wysłany do ciebie w postaci człowieka, abyś się nie bała... Ja byłem tym, który zwiastował Zachariaszowi... (por. Łk 1,5–25); musiałem z nim tak postąpić dlatego, ponieważ on nie wierzył; nie odrzucaj moich słów; nie jestem Szatanem, abym cię w błąd wprowadził, tak jak matka twoja Ewa była w błąd wprowadzona; wysłuchaj, Maryjo, co ja chcę ci powiedzieć: Ewangelia gruzińska, 1

Od Ewy pochodzi płód przekleństwa,
od ciebie pochodzić będzie płód błogosławieństwa;

przez Ewę zamknęły się drzwi raju, przez ciebie zostaną one
otwarte
...radość i pociecha;
przez Ewę śmierć, przez ciebie żywot;
przez Ewę potępienie, przez ciebie życie wieczne...
Jeśli zaś nie będziesz mi wierzyła, zostaniesz ukarana
jak Zachariasz".

Gdy Maryja usłyszała te słowa, zlękła się, ukorzyła i odpowiedziała: „Nie mam w sobie miejsca dla słów Szatana; a jeżeli jesteś aniołem, niech się spełni według słowa twego; jestem służebnicą Pana. On sam wie o tym, ponieważ jest moim stworzycielem; niech się spełni Jego wola". Anioł skłonił się przed nią i rzekł: „Idź natychmiast do swej kuzynki Elżbiety; tam poznasz cud swego dziecka, ale nikomu nie powinnaś mówić o tym, zanim ono samo tego nie objawi".

WĄTPLIWOŚCI

Ewangelia Pseudo-Mateusza, 9–12

Gdy to się wydarzyło, Józef pracował przy budowie w nadmorskim mieście, Kafarnaum; był bowiem cieślą. Przebywał tam przez dziewięć miesięcy, a wróciwszy do domu, zastał Maryję brzemienną. Przejęty i strapiony zawołał: „Panie, Panie, przyjmij ducha mego, ponieważ lepiej jest dla mnie umrzeć niż żyć". Dziewczęta towarzyszące Maryi rzekły do niego: „My wiemy, że żaden mężczyzna nie zbliżył się do niej. Wiemy też, że zachowała ona czystość i nienaruszoną dziewiczość, której stale strzegła. Zawsze była w Bogu, zawsze trwała na modlitwie. Codziennie rozmawiał z nią anioł Pański, codziennie z jego rąk przyjmowała pokarm. Czyż więc jest to możliwe, aby dopuściła się jakiegoś grzechu? Jeżeli chcesz, abyśmy wyjawiły ci nasze zdanie, to stała się ona brzemienną jedynie za sprawą anioła Bożego". Józef rzekł: „Dlaczego zwodzicie mnie, bym uwierzył, iż za sprawą anioła Bożego stała się ona brzemienną? Być może ktoś przybrał postać anioła i zwiódł ją". A mówiąc to, płakał i wołał: „Jak teraz wejdę do świątyni Bożej? Jak pokażę się kapłanom Bożym? Co mam robić?" Mówiąc to, postanowił ukryć się i opuścić Maryję. Kiedy pewnej nocy zamierzał opuścić ją i zamieszkać w nieznanym miejscu, ukazał mu się we śnie anioł Pański, mówiąc: „Józefie, synu Dawida, nie lękaj się przyjąć Maryi, małżonki twojej, ponieważ to, co się w niej poczęło, z Ducha Świętego jest. Ona porodzi syna, który nazwany zostanie imieniem Jezus. On bowiem zbawi lud swój od grzechów jego". Józef zaś, powstając ze snu, podziękował Bogu i rozmawiając z Maryją o dziewczętach, które były razem z nią, opowiedział jej swoje widzenie. I uznał swój błąd względem Maryi, i powiedział: „Zgrzeszyłem, gdyż miałem ciebie w podejrzeniu".

Rozeszła się pogłoska o tym, że Maryja jest brzemienna. Służba świątyni, pochwyciwszy, Józefa zaprowadziła go do arcykapłana, który wraz z kapłanami karcił go, mówiąc: „Dlaczego nadużyłeś zaufania w małżeństwie wobec tak szlachetnej dziewicy, którą anioł Boży jak gołąbkę w świątyni żywił, a która nigdy nie chciała widzieć męża i która posiadała tak doskonałą znajomość prawa Bożego? Gdybyś jej nie zniewolił, do dziś byłaby dziewicą". Józef zaś zaklinał się i przysięgał, że nigdy jej nie tknął. Na to arcykapłan

Abiatar rzekł: „Na Boga żywego! Jeżeli podam ci do picia wodę Pańską, to z pewnością grzech twój wyjdzie na jaw". Wtedy zebrał się wielki tłum, którego nie można było zliczyć. I przyprowadzono Maryję do świątyni Pańskiej. Kapłani, rodzice i jej krewni z płaczem mówili do niej: „Ty, która jak gołąbka przebywałaś w świątyni Bożej i z ręki anioła przyjmowałaś pokarm, wyznaj kapłanom twój grzech". Wezwano też Józefa do ołtarza i dano mu do picia wodę, której jeśli ktoś, kłamiąc, skosztował i siedmiokrotnie obszedł ołtarz, to Bóg pewnym znakiem na twarzy poświadczył jego kłamstwo. Kiedy jednak Józef ze spokojem napił się wody i obszedł ołtarz, żadne znamię grzechu nie pojawiło się na jego obliczu. Wtedy wszyscy kapłani, słudzy i lud uczcili niewinność jego, mówiąc: „Szczęśliwy jesteś, bo nie ma w tobie żadnej winy". A zawoławszy Maryję, rzekli do niej: „A ty co masz na swoje usprawiedliwienie? Czy mógłby jeszcze ukazać się na tobie inny znak niż to, że jesteś brzemienna? Ponieważ Józef jest niewinny, żądamy więc od ciebie, abyś wyznała imię tego, który cię uwiódł. Lepiej jest bowiem, żebyś sama się przyznała, niż żeby gniew Pański okazał się na oczach ludu przez jakiś znak na twoim obliczu". Wtedy Maryja spokojnie, lecz stanowczo powiedziała: „Jeżeli jest we mnie jakaś zmaza lub grzech, albo też ogarnęła mnie jakaś pożądliwość lub nieczystość, niechaj Pan napiętnuje mnie na oczach całego ludu, abym dla wszystkich była przykładem ukarania. I ufnie przystąpiła do ołtarza Pańskiego, napiła się wody i siedem razy obeszła ołtarz, a żadna wina na niej się nie ujawniła. Wszystek lud, widząc jej brzemienność, dziwił się. I powstały wśród ludu różne sprzeczne opinie. Jedni bronili jej świętości, inni zaś oskarżali ją o nieprawość. Wtedy Maryja, wyczuwając podejrzliwość ludu i posądzenie o grzech, wobec wszystkich głośno zawołała: „Na Boga żywego, Pana zastępów, przed którym stoję! Przysięgam, że nigdy nie znałam męża i nie będę znać, ponieważ w dzieciństwie tak postanowiłam. Ślubowałam bowiem Bogu, który mnie stworzył, że zachowam czystość, i mam nadzieję, że tylko dla Niego żyję, i jak długo żyć będę, pozostanę czysta". Wtedy wszyscy zaczęli ją całować, prosząc, by wybaczyła im niecne podejrzenia. Cały lud, kapłani i wszystkie dziewice z wielką radością odprowadzili Maryję aż do jej domu, wołając: „Niech będzie błogosławione imię Pańskie. On bowiem okazał swoją świętość całemu ludowi Izraela".

JÓZEF, MĄŻ MARYI

Legenda o św. Józefie cieśli, 1–5

Zdarzyło się też pewnego dnia, kiedy nasz dobry Zbawiciel siedział na Górze Oliwnej razem ze swoimi uczniami, że przemówił do nich tymi słowami:

„Był pewien człowiek imieniem Józef w mieście Betlejem, należącym do Żydów i będącym miastem króla Dawida, a był on doskonale wykształcony w mądrości oraz w zawodzie ciesielskim. I ten człowiek imieniem Józef pojął żonę dla związku małżeństwa świętego, i urodziła mu synów oraz córki: czterech chłopców i dwie dziewczynki. Takie były ich imiona: Judasz, Jozetos, Jakub i Szymon. Córki zaś nazywały się Lizja i Lidia. Jednak żona Józefa zmarła, jak postanowiono każdemu człowiekowi, zostawiając Jakuba jako małe dziecko. Józef zaś był człowiekiem sprawiedliwym, sławił Boga w każdej sprawie i udawał się do pracy, wykonując zawód cieśli razem ze swymi dwoma synami, żyjąc z pracy własnych rąk według prawa Mojżeszowego. Tym właśnie człowiekiem sprawiedliwym, o którym mówię, jest Józef, mój ojciec według ciała, któremu zaślubiona została moja matka Maryja jako żona. Otóż w czternastym roku jej życia przyszedłem [na świat] zgodnie z moją własną wolą, stałem się w niej, Ja, Jezus, wasze życie.

Kiedy była już trzy miesiące w stanie błogosławionym, prostoduszny Józef powrócił z miejsca, gdzie pracował jako cieśla, znalazł moją matkę Dziewicę w stanie błogosławionym, zatrwożył się i przestraszył [i dlatego] zamierzał oddalić ją potajemnie. A z boleści serca nie jadł ani nie pił. Lecz oto o północy Gabriel, archanioł radości, przyszedł do niego w widzeniu z rozkazu mojego dobrego Ojca, mówiąc mu: «Józefie, synu Dawida, nie bój się przyjąć do siebie Maryi, twojej żony, ten bowiem, którego porodzi, jest z Ducha Świętego. Ona urodzi syna, a ty powinieneś nadać mu imię Jezus. On jest tym, który będzie pasł wszystkie narody laską żelazną». I anioł oddalił się od niego, Józef zaś podniósł się ze snu, uczynił, jak mu był polecił anioł Pański, [i] wziął Maryję do siebie".

PODRÓŻ DO BETLEJEM

Protoewangelia Jakuba, 17

I wyszedł nakaz od cesarza Augusta, aby spisać (por. Łk 2,1) wszystkich, którzy byli w Betlejem judzkim. I rzekł Józef: „Ja zapiszę moich synów. Cóż jednak uczynię z tą dzieweczką? Jak mam ją zapisać? Jako moją żonę? Wstydzę się. Może jako córkę? Wiedzą synowie Izraela, że nie jest moją córką. Oto godzina Pańska uczyni, jak zechce". I osiodłał osła, i posadził ją, i syn jego prowadził [osła], i Samuel postępował za nimi. I zbliżyli się do trzeciego kamienia milowego, i odwrócił się Józef, i ujrzał, że jest smutna, i rzekł: „Być może to, co jest w [jej łonie], sprawia jej ból". I znowu odwrócił się Józef, i ujrzał, że śmieje się, i rzekł do niej: „Maryjo, cóż się z tobą dzieje: to widzę twoje oblicze roześmiane, to smutne". I rzekła doń: „Ponieważ przed moimi oczami, Józefie, widzę dwa ludy: jeden płacze i lamentuje, drugi cieszy się i śmieje".

Na to odpowiedział Józef: „Siedź i dobrze trzymaj się osła, a nie mów zbędnych słów". Wtedy ukazał się im chłopiec ubrany we wspaniałe szaty i rzekł Józefowi: „Dlaczego uznałeś za zbędne słowa o dwóch narodach, o których mówiła ci Maryja? Ona widziała bowiem naród żydowski płaczący, ponieważ odszedł on od Boga, a naród pogański cieszący się, gdyż przyszedł do Pana i stał się Mu bliski zgodnie z obietnicą daną ojcom naszym: Abrahamowi, Izaakowi i Jakubowi. Nadszedł bowiem czas, że z potomstwa Abrahama spłynie błogosławieństwo dla wszystkich narodów". Gdy anioł to oznajmił, rozkazał zatrzymać zwierzę juczne – nadszedł bowiem czas rozwiązania – i polecił, by Maryja zsiadła ze zwierzęcia i weszła do podziemnej jaskini, w której nigdy nie było światła, lecz panowała wieczna ciemność, gdyż nie dochodziło tam światło dnia. Kiedy Maryja weszła do środka, grotę oblała jasność, jak gdyby zaświeciło w niej słońce. Boskie światło tak rozjaśniało grotę, jakby to była szósta godzina dnia. I jak długo Maryja tam przebywała, czy w nocy, czy we dnie, światłość owa zawsze świeciła.

Ewangelia Pseudo-Mateusza, 13

Protoewangelia Jakuba, 17–18

[Józef] zostawił przy niej swoich synów i odszedł, aby szukać położnej pochodzenia żydowskiego w krainie Betlejem.

WIZJE

Ewangelia Dzieciństwa Ormiańska, 8

Idąc, zobaczył, że ziemia podniosła się, a niebo się obniżyło, podniósł więc swoje ramiona, jakby chciał dosięgnąć miejsca, gdzie one się schodziły. Dookoła siebie spostrzegł, że elementy były odrętwiałe i osłupiałe; wiatry i powietrze, pozostając nieruchome, zatrzymały się w swoim biegu, ptaki przerwały lot. Popatrzywszy na ziemię, zobaczył dzban świeżo zrobiony: obok stał garncarz, który urabiał glinę i łączył w powietrzu swoje ręce, a one jednak się nie zbliżały. Wszystko inne miało wzrok utkwiony ku górze. Zobaczył również stada pędzone: one nie szły ani nie posuwały się naprzód, ani też nie pasły się. Pasterz podniósł swoją laskę i nie mógł uderzyć baranów, lecz trzymał rękę wysoko podniesioną. Popatrzył jeszcze na strumień w wąwozie i zobaczył, że pasące się tam wielbłądy zbliżyły swe pyski do skraju strumienia, lecz nic nie piły. Tak więc w chwili rozwiązania świętej Dziewicy wszystkie elementy stały się jakoby zakrzepłe.

Protoewangelia Jakuba, 18

„Ja, Józef, szedłem i nie szedłem. I podniosłem oczy na firmament, i zobaczyłem, że stanął, i [spojrzałem] w powietrze, i ujrzałem, że jest pełne zdumienia, i ptactwo niebios zakrzepło w locie. I skierowałem oczy na ziemię, i ujrzałem misę leżącą i robotników spoczywających przy posiłku, i ręce ich były w misie. I ci, którzy gryźli [pokarm], nie gryźli go, i ci, którzy go nabierali, nie podnosili [rąk], i ci, którzy nieśli do ust, nie donieśli, ale wszyscy mieli oblicza wzniesione i patrzyli w górę. I ujrzałem, jak pędzono owce, i stanęły owce, i podniósł pasterz rękę, aby je uderzyć, i zamarła ręka podniesiona do góry. I zwróciłem oczy na prąd rzeki, i ujrzałem kozły, które przytknęły pyski do wody i nie piły. I wszystko pobudzone nagle podjęło znowu swój bieg".

NARODZINY

POŁOŻNE

[Ja, Józef], ujrzałem kobietę zstępującą z góry i rzekła do mnie: „Człowieku, dokąd idziesz?" I rzekłem: „Szukam położnej, [która byłaby] z Hebrajczyków". I odpowiadając, powiedziała do mnie: „Czy ty jesteś Izraelitą?" I rzekłem do niej: „Tak". Ona wtedy powiedziała: „A kimże jest ta, która porodziła w jaskini?" I rzekłem: „Jest mi zaślubiona". I rzekła do mnie: „Nie jest twoją żoną?" I rzekłem do niej: „To jest Maryja, która została wychowana w świątyni Pańskiej i została mi wyznaczona losem jako żona, i nie jest moją żoną, ale owoc jej łona jest z Ducha Świętego". I rzekła położna: „Jestże to prawdą?" I rzekł do niej Józef: „Wejdź i zobacz!"

Protoewangelia Jakuba, 19

A kiedy Józef spostrzegł, że Maryja już porodziła dzieciątko, rzekł do niej: „Przyprowadziłem tobie położną Zahel, która stoi przed grotą i z powodu owego przedziwnego blasku obawia się wejść do środka". Maryja zaś, słysząc to, roześmiała się. Józef powiedział do niej: „Nie śmiej się. Bądź rozsądna, abyś przypadkiem nie potrzebowała jej pomocy lekarskiej". Wtedy Maryja kazała jej przyjść do siebie.

Ewangelia Pseudo-Mateusza, 13

I weszła z [Józefem], i stanęła wewnątrz jaskini. I była [tam] ciemna chmura, która ocieniła jaskinię. I rzekła położna: „Dziś dusza moja została wywyższona, bo moje oczy ujrzały dziś rzeczy przekraczające wszelkie pojęcia, ponieważ zbawienie narodziło się dla Izraela". I natychmiast chmura poczęła znikać z jaskini, a w jaskini pojawiło się wielkie światło, że nie mogły go znieść. I wkrótce światło to poczęło

Protoewangelia Jakuba, 19

znikać, aż ukazało się dziecię i zbliżyło się, i zaczęło ssać pierś swej matki. I położna wydała okrzyk i rzekła: „Jakże wielkim jest dla mnie dzień dzisiejszy, gdyż ujrzałam ten niezwykły cud".

Ewangelia Pseudo-Mateusza, 13

A kiedy Maryja pozwoliła się zbadać, położna na cały głos wykrzyknęła: „Panie potężny, zmiłuj się! Nigdy dotąd nie słyszano ani nikomu na myśl nie przyszło, żeby piersi były pełne mleka i żeby narodzony chłopiec nie naruszył dziewictwa swej matki. Żadnego upływu krwi nie było przy połogu, żaden ból nie pojawił się u rodzącej. Dziewica poczęła, dziewica porodziła, dziewica nadal pozostała".

Inna położna, imieniem Salome, słysząc te słowa, powiedziała: „Nie uwierzę w to, co słyszę, jeśli się sama nie przekonam". A kiedy Salome zbliżyła się do Maryi, rzekła do niej: „Pozwól mi, abym zbadała ciebie i abym przekonała się, czy prawdę mówi Zahel".

Ewangelia Pseudo-Mateusza, 13

Maryja pozwoliła jej na to i gdy ona zaraz wyciągnęła swoją rękę, uschła jej ręka i zaczęła z bólu gwałtownie płakać i wołać: „Panie, Ty wiesz, że zawsze bałam się Ciebie i wszystkich ubogich leczyłam bez pobierania zapłaty. Od wdowy i sieroty nic nie brałam, a potrzebującego nigdy bez wsparcia nie odesłałam. A oto przez moją niewiarę stałam się nieszczęśliwa, gdyż odważyłam się badać Twoją dziewicę, która porodziła Światłość i po tym porodzie pozostała dziewicą".

Protoewangelia Jakuba, 20

I Salome wydała okrzyk i rzekła: „Biada mi, bezbożnej i niewiernej, bom kusiła Boga żywego. Oto ręka moja palona ogniem odpada ode mnie". I padła Salome na kolana przed Panem wszechwładnym, mówiąc: „O Boże ojców naszych, wspomnij na mnie, bom i ja jest potomkiem Abrahama i Izaaka, i Jakuba. Nie stawiaj mnie za przykład synom

Izraela, ale oddaj mnie biednym. Ty bowiem wiesz, Panie wszechwładny, że w imię twoje dokonywałam uzdrowień i że otrzymałam od Ciebie zapłatę".

Kiedy to powiedziała, ukazał się przed nią jakiś młodzieniec wspaniały i rzekł jej: „Podejdź do Dzieciątka i oddaj Mu pokłon. Dotknij Je twoją ręką, a Ono uzdrowi cię, ponieważ jest zbawieniem świata i wszystkich Jemu ufających". Ewangelia Pseudo-Mateusza, 13

Przejęta radością zbliżyła się do dzieciny i objęła je, mówiąc: „Uwielbiam Go, ponieważ ten jest, który narodził się królem Izraela". I natychmiast Salome została uzdrowiona, i wyszła z jaskini usprawiedliwiona. Protoewangelia Jakuba, 19-20 n.

Wyszedłszy zaś na zewnątrz, zaczęła wołać i opowiadać o cudownych rzeczach, które widziała, i o tym, co ją spotkało, i jak została uzdrowiona. Słowom jej wielu uwierzyło. Ewangelia Pseudo-Mateusza, 13

MODLITWA POŁOŻNEJ SALUMI

Akuszerka Salumi [...] zawołała [...]: Ewangelia arabska Jana, 6

„Chwała Tobie, który siedzisz po prawicy chwalebnego Ojca!

Chwała Tobie, którego prowadzą Serafini!

Chwała Tobie, którego tron jest na wysokości niebios, a nogi w głębokościach ziemi i który z litości ku swoim niewolnikom zadowoliłeś się przyjęciem nędznego ludzkiego ciała i rzuciłeś się do małego i chwiejącego się żłóbka!

Chwała Tobie, który wypełniasz niebo, a mocą swoją – całą ziemię!

Chwała Tobie, chwała Tobie, Boże nieba i ziemi, który znasz liczbę ziaren piasku i kropel deszczu!

Chwała Tobie, którego królestwu nie będzie końca, którego światło nie zgaśnie, którego moc nie ustanie!
Chwała Tobie, chwała Tobie, który liczysz to, co stworzone: widoczne i niewidoczne!
Chwała Tobie, który z własnej woli stałeś się człowiekiem, a przez swe wcielenie z własnej woli złączyłeś się ze swoim stworzeniem!
Chwała Tobie, boski i godny czci! Chwała Tobie, bo należy Ci się chwała i cześć!
Chwała Tobie, który jesteś godny, aby Ci składano dzięki i aby Cię wychwalano!
Chwała Tobie na wieki, bo rozdzielasz dobra nawet już po ich rozdzieleniu!
Chwała Tobie, który światło swoje rozlewasz na sługę swego Izraela!
Chwała Tobie, Odkupicielu świata, który jak chcesz, kierujesz sercami!
Chwała Tobie, którego chwali to, co cielesne i co bezcielesne spośród aniołów i ludzi!
Chwała Tobie, którego imię chwalą morza i to, co się w nich znajduje!
Chwała Tobie, któremu cześć oddają słońce, księżyc i gwiazdy!
Chwała Tobie, którego chwalą góry i drzewa, i owoce, i rzeki, i kwiaty, a imię Jego uwielbione i czczone uwielbiają i wynoszą!
Chwała Tobie, chwała Tobie, którego chwali to, co oddycha! Chwała Tobie, o Błogosławiony, który przyszedłeś na świat w imię Ojca, aby odkupić plemię Izraela i wszystkie narody! Chwała Tobie, który zapominasz o winach, gładzisz

zbrodnie i odpuszczasz grzechy!
Chwała Tobie, któremu chwała wraz z Ojcem Twoim i Duchem świętości Twojej na wieki wieków, Amen. Chwała Tobie!".

W czasach najnowszych zaś ziemię odmienił, gdy z łona dziewicy
Marii przyszedł na świat i nowe światło wydobył.
Z niebios zstępując, postać na siebie przyjął człowieczą.
Najpierw więc Gabriel mocarną swą postać objawił,
po czym Archanioł słowem się ozwał do czystej niewiasty:
„Przyjmij Boga twym nieskalanym łonem, dziewico".
Rzekł tak Bóg i łaską wypełnił czystą niewiastę;
ją zaś te słowa wprawiły w zdumienie i trwogę zarazem,
stała więc drżąca, a serce spłoszone w jej piersi się tłukło,
burząc myśli, bo głos posłyszała zupełnie nieznany.
Później wszakże ów głos ją ucieszył i wzbudził w niej radość;
wówczas uśmiech weselny rumieńcem zabarwił jej lica,
radej przyszłą radością i zbożnym tchnieniem natchnionej.
Lęk ją opuścił, a Słowo naonczas zapadło w jej łono,
z czasem ciałem się stało żyjącym pod piersią matczyną;
postać człowiecza powstała i tak dziewiczo poczęty
chłopiec się zrodził; cud to ogromny dla ludzi śmiertelnych.
cud zaś żaden dla Boga Rodzica i Syna boskiego.
Ziemia z wielką radością witała to dziecię maleńkie,
wszechświat cześć mu oddawał, a tron na niebiosach się cieszył.
Nowa zaś jasna gwiazda, prorocza, rozbłysła dla mędrców,
W żłobie zaś dziecię w pieluszkach pobożnym się ukazało
Stróżom wołów i kóz, a także owiec pasterzom;
Tak Betlejem Słowa stało się Bożą ojczyzną.

Wyrocznie sybillińskie, VIII, 456–479

PASTERZE

Księga o narodzeniu Zbawiciela, i o Maryi, i o położnej, 19–21

Józef, wyszedłszy z jaskini, poszedł do miasta i stanął na rynku; rzekł: „O miasto nowe, o nadzwyczajny porodzie! Nie wiem, w jaki sposób stałem się ojcem, dziś bowiem narodził mi się Syn, który jest Panem wszystkiego".

Gdy to powiedział, wyszedł na drogę [prowadzącą za miasto] i mówił: „Jest rzeczą słuszną, abym poszukał czegoś dla nas do jedzenia, bo jest to dzień narodzenia tego chłopca. Myślę, że dziś w niebiosach jest wielka chwała i radość dla wszystkich Archaniołów i dla wszystkich Mocy niebios. I dlatego jest rzeczą słuszną, by podkreślić znaczenie tego dnia, w którym chwała Boża objawiła się na całej ziemi".

Gdy on to powiedział, ujrzał nadchodzących pasterzy, którzy mówili jeden do drugiego: „Obeszliśmy całą okolicę Betlejem i nie znaleźliśmy nic z tego, o czym nam powiedziano poza miastem. Wejdźmy więc i poszukajmy w pobliżu". Rzekł do nich Józef: „Macie może na sprzedaż barana lub kozła, albo też kury czy owce?" Oni na to rzekli: „Nie mamy z sobą nic z tego". Rzekł do nich Józef: „A może zioła wiejskie lub chleb?" Rzekli mu: „Człowieku, czemu się z nas naśmiewasz? Przyszliśmy z innego, i to ważnego powodu, a ty nas pytasz o towar do sprzedania". Rzekł do nich Józef: „Po co więc tu przyszliście?" Oni mu rzekli: „Jeśli posłuchasz, zadziwisz się". Rzekł do nich Józef: „Jeśli wy mi powiecie, to i ja wam opowiem rzecz nadzwyczajną, która miała miejsce w moim skromnym mieszkaniu".

Mówią doń pasterze: „Zeszłej nocy siedzieliśmy na górze, czuwając, a księżyc świecił jakoby w dzień pogodny. My zaś, wedle zwyczaju strzegliśmy owiec naszych od złodziei i wilków. Jedni opowiadali sobie historyjki, inni śpiewali, inni siedzieli razem odprężeni i byliśmy bardzo weseli. Gdy tak więc rozmawialiśmy między sobą, raptem pojawił się przed nami wielki i potężny mąż przychodzący ze wschodu. Przybył do nas otoczony blaskiem i jasnością Bożą, a wokół niego ujrzeliśmy wiele kwadryg. My zaś, gdy go zobaczyliśmy, zdjęci wielkim lękiem padliśmy na twarz. On zaś rzekł do nas głosem wielkim: «Nie lękajcie się, pasterze. Oto bowiem przybyłem do was, aby wam zwiastować jasność Bożą i radość wielką, a nie tylko wam, ale i wszystkim narodom, bo dziś narodził się Chrystus Pan, który jest Zbawicielem wszystkich Mocy niebios i ludzi. Oto On objawił się dziś w Betlejem, w mieście Dawidowym. Idźcie więc, a znajdziecie Go owiniętego w pieluszki i złożonego w żłobie. On bowiem jest Synem Bożym, który przyszedł, aby dać życie wieczne poganom i wszystkim, którzy w Niego uwierzą». I gdy on nam to powiedział, usłyszeliśmy głosy z niebios mnóstwa aniołów, którzy śpiewali i mówili: «Chwała Bogu na wysokościach, a na ziemi pokój ludziom dobrej woli» (por. Łk 2,9–14). To śpiewali i wiele innych rzeczy. My więc tu przyszliśmy, aby na to spojrzeć i zobaczyć dar Boży wedle tego, co nam zostało powiedziane".

Gdy to Józef usłyszał, rzekł: „I ja nie ukryję przed wami tej tajemnicy. Pójdźcie więc i zobaczcie. Oto bowiem to Dziecko, które się narodziło, jest w miejscu, gdzie się zatrzymałem. On jest Chrystusem Panem". Mówią mu pasterze: „Człowieku błogosławiony, pokaż nam tego Chłopca!" Rzecze do nich Józef: „Chodźcie i zobaczcie, gdzie złożono Go w żłobie" (por. Łk 2,7). I odeszli razem. Gdy zaś przyszli do żłóbka i ujrzeli chłopca, upadli na twarze i oddali Mu cześć. I rzekli do Józefa: „Widzieliśmy Dziecko pełne łaski i oddaliśmy cześć Jego tajemnicy. On bowiem, patrząc na nas, uśmiechał się słodko i w wielu obrazach ciągle zmieniał swoją postać. Najpierw bowiem ukazał nam, że jest On najsłodszy, [potem] że jest surowy i że należy się Go lękać, [na końcu] że jest najmilszy i bardzo ludzki. I znowu że jest drobny, a zarazem potężny. I natychmiast, skoro tylko otworzył oczy, zabłysło w nich światło wielkie, a z ust Jego wyszedł zapach najsłodszy". Rzekli do niego: „O człowieku błogosławiony, jakiż to chłopiec narodził się tobie, by ci przynieść zbawienie? A ponieważ raczyłeś nas przyjąć w pokoju i pozwoliłeś nam wejść do twego domu i zobaczyć jasność Bożą, prosimy cię, abyś przybył do całej naszej gromady, abyśmy się wspólnie radowali, bo my wszyscy, pasterze, składamy dary Bogu wszechmogącemu. I dlatego prosimy cię, aby nie było ci rzeczą niemiłą przyjść dziś, aby z nami spożyć posiłek". Rzekł do nich Józef: „Dobrze uczyniliście, że to powiedzieliście. Dzięki! Ja jednak nie mogę pójść z wami i pozostawić Dziecka z Jego matką. Bądźcie jednak pewni, że ja jestem z wami". Mówią mu pasterze: „Skoro tak postanowiłeś, my już sobie pójdziemy i poślemy ci tłustego mleka i świeżych serów". Rzekł do nich Józef: „Idźcie w pokoju". A oni odeszli, ciesząc się, wychwalając Boga i zapewniając, że widzieli, jak pośrodku nocy aniołowie śpiewali Bogu hymny i że od nich usłyszeli o narodzeniu Zbawiciela ludzi, którym jest Chrystus Pan, w którym zostanie odnowione zbawienie Izraela.

SZATAN ZNAJDUJE JEZUSA

Aniołowie otoczyli grotę, w której się On narodził, i połączyli swe skrzydła od nieba aż po ziemię, a na całym świecie zaczęły upadać bałwany, a Iblis [Szatan], choć używał wszystkich swych zdolności, nie zdołał podnieść nawet jednego posągu tak, aby w tym samym czasie inny nie upadł.

Ewangelia arabska Jana, 7

Zgromadzili się więc Szatani wokół swego księcia Iblisa i rzekli doń: „Panie nasz, jaka to klęska w naszą moc uderzyła? Kto się na świecie narodził i spowodował upadek naszego państwa?" On zaś, drżąc z lęku, odpowiedział: „Poczekajcie trochę, aż obejdę wszystkie kraje ziemi w poszukiwaniu, kim jest ów Narodzony, a powróciwszy, opowiem wam, o kogo chodzi: nie umknie mi, kim On jest".

I tak ów przeklęty uniósł się w powietrze i opuścił się w głębiny, a potem obleciał wszystkie miejsca na ziemi w poszukiwaniu, kim jest ów Narodzony, ale nie odkrywszy prawdy o narodzeniu Chrystusa, powrócił do swych przyjaciół pełen niepewności i znalazł ich wszystkich również przybitych. Dodawał więc odwagi ich sercom i mówił do nich: „Nie lękajcie się, że nadejdzie kres dla mojego królestwa: nie zostanę od niego oddalony ani też nie porodzi Dziewica, o której prorokował Izajasz. Mówił on bowiem: «Oto dziewica porodzi Dziecię (por. Iz 7,14), a po narodzeniu pozostanie Dziewicą w Jerozolimie». Jeśliby zaś ów narodzony naprawdę miał się narodzić, to obaliłby moje królestwo i usunąłby moje panowanie.

Teraz jednak ogarnął mnie taki smutek i takie rozdarcie, jakiego nie doznałem od czasu, odkąd upadłem z wysokiej godności, jaką miałem w niebiosach, choć nie odkryłem niczego, co się tyczy tego Narodzonego, co mogłoby być przyczyną takiego przygnębienia, w jakim się znajduję. I dlatego przebyłem cały świat, ale nic o Nim się nie dowiedziałem; a z ziem, których dotąd nie przebiegłem, pozostaje mi już tylko Betlejem, miasto Dawida. Jeśli w nim narodziło się w tym czasie Dziecko, to jest ono tym, o którym prorokowali prorocy, jest ono Tym, które usuwa moje królestwo. Nuże więc, towarzysze duchy, udajmy się do owego Betlejem, a jeśli w nim znajduje się owo Dzieciątko, otoczmy je i napadnijmy, wszyscy, ilu nas jest, razem, na aniołów tam się znajdujące, które Je strzegą, aż zniszczymy Jego królestwo".

Tak więc weszła na chmury zgraja Iblisa, postawiła na nich tron, otoczyli go i na nim go ponieśli; stali przy nim gotowi do walki. Udali się do Betlejem. Ale gdy tam przybyli, znaleźli aniołów otaczających jaskinię, w której znajdowało się Dziecko. I ilekroć zbliżali się do aniołów, tylekroć z ich skrzydeł strzelały jakoby świetliste pociski, jaśniejące jak błyskawice, które uderzały w ich twarze. Wtedy ich przeklęty książę i jego wojsko zatrzymało się ze zdumieniem. Rzekł więc Iblis do swego wojska: „Pozostańcie tu na chwilę, a ja udam się na pola wokół tego Betlejem i zapytam pasterzy, w których nie ma żadnej złośliwości".

A miało to wszystko miejsce w dniu, w którym narodził się Chrystus Zbawca. Gdy więc Iblis zbliżył się do pasterzy, którzy byli na polach, ujrzał wojsko aniołów, którzy wszyscy razem wołali: „Chwała Bogu na wysokościach, pokój na ziemi, a ludziom radość" (por. Łk 2,8–14). I usłyszał, jak jeden z aniołów, zwróciwszy się do pasterzy, mówił: „Oznajmiam wam, że w mieście Dawida narodził się Chrystus Zbawiciel. A to będzie dla was znakiem, który was upewni: oto w grocie w mieście znajdziecie młodą dziewczynę, a na jej łonie rozkoszne Dzieciątko!" Gdy zaś Iblis to usłyszał, padł na ziemię, a potem powrócił do swoich wojaków smutny i załamany i rzekł im: „U pasterzy usłyszałem słowa; jeśli one są prawdziwe, ja jestem skończony, a i wy zginiecie. Usłyszałem bowiem, że Bóg przyjął ciało i narodził się z dziewczyny-dziewicy. Czy jest może prawdą to, że mój Pan i Bóg, od którego się oddaliłem i który mnie zrzucił ze stopnia niebiańskiego, który posiadałem, tak się poniżył, że zstąpił na ziemię? Czy jest to możliwe, że to się stało, jak mi doniesiono? Teraz jednak wiedzcie, że nie powinniśmy opuszczać Jerozolimy i Betlejem, dopóki nie dojdziemy do sedna sprawy w tej rzeczy. Bo, zaiste, jeśli prawdziwym jest stan owego Narodzonego, musimy dobrze dopilnować wszystkiego, co jest konieczne, aby zapewnić sobie nasze królowanie, bo blisko jest chwila, gdy je stracimy. Bez zwłoki więc udajmy się do starszyzny żydowskiej, która wczytuje się w księgi prorockie, aby się u nich upewnić o czasie, w którym ma się narodzić Chrystus Zbawiciel. Oni nie ukryją mi nic z tego, o co ich zapytam".

I Szatan pośpiesznie udał się do miasta Jerozolimy. Wszedł na zgromadzenie książąt żydowskich, zbliżył się do niektórych z nich, aby podjąć z nimi rozmowy o Mesjaszu i o miejscu, w którym ma się On narodzić – i podjął dokładne poszukiwania. A oni tak go pouczyli: „Oto, co nam zwiastowali prorocy: «Zbawiciel świata narodzi się w Betlejem Judzkim (Mi 5,1), gdy się wypełni siedemdziesiąt tygodni, o których mówił prorok Daniel (por. Dn 9); wtedy narodzi się Mesjasz, ale nie narodzi się On, dopóki się one nie wypełnią".

NIEMOWLĘ

OFIAROWANIE W ŚWIĄTYNI

W tym czasie Szatan pobudził starszych spośród synów Izraela, aby badali to, co dotyczy Mesjasza, i wysłali go niektórzy z nich do ich uczonych, między którymi był Nikodem biegły w Piśmie i Quailufa [Kleofas] i Hamala'ila [Gamaliel], ojciec Szczepana, który był męczennikiem. Oni to przebadali sprawę tygodni, o których mówił Daniel, i odkryli, że one zostały już wypełnione. Było więc rzeczą konieczną, aby Mesjasz się już narodził.

Ewangelia arabska Jana, 8

Rzekł do nich Nikodem: „Już wiecie, że Symeon kapłan opowiadał nam, jak w czasie, gdy z ojcami naszymi wykładał księgi królowi Batulinus, i przekładał je z hebrajskiego na język grecki. Wtedy to, gdy źle przełożył zwrot w mowie Izajasza proroka «Oto Dziewica pocznie Syna i porodzi, a imię Jego będzie Emmanuel» (Iz 7,14), przybył do niego Anioł Boży i rzekł doń: «Zaiste, nie przestaniesz żyć na świecie jako jeniec, dopóki ta Dziewica nie pocznie i Ty nie ujrzysz Go na własne oczy». Pójdźmy więc do niego, aby go zapytać w tej sprawie i upewnić się: wiem bowiem, że Symeon jest w wieku podeszłym. Idźmy i zapytajmy go, a jeśli go znajdziemy, będziemy wiedzieli, że Chrystus się nie narodził; jeśli natomiast ów umarł, Chrystus się już narodził, bo to, co dowiedzieliśmy się od anioła, który mówił wtedy, gdy ów zwątpił, nie może być nieprawdziwe".

I udali się wszyscy razem do świątyni, i zastali Symeona żywego, i wspólnie go pozdrowili. On zaś leżał na ziemi, bo był już w wieku bardzo podeszłym. Odpowiedział im na ich pozdrowienie słabym głosem. I zapytali go: „Błogosławiony starcze, czy zbliża się już czas, w którym ma przyjść Zbawiciel świata, na którego oczekując, pozostajesz w więzieniu życia?" Odrzekł im Symeon: „Nadszedł już czas Jego przybycia". Zapytali go: „Skąd o tym wiesz?" Odpowiedział: „Czuję, że odżywa ma ręka, już ustąpił ból, a cierpiała ona od chwili, gdy źle przełożyłem zwrot w proroctwie Izajasza o Zbawicielu świata. Upewniła mnie o tym prorokini Anna, która wraz ze mną przebywa w świątyni".

Był tam także obecny Szatan ze swoimi towarzyszami i słyszał, jak oni stawiali pytania Symeonowi – to, co on im mówił i co odpowiadał. I skoro tylko usłyszał to, co powiedzieli starcy i Symeon, głęboko poruszony w swej trosce, powrócił do swego wojska i nakazał im nie oddalać się od granic Betlejem, aby dokończyć jeszcze dokładniejszych poszukiwań dotyczących Zbawcy i Jego narodzenia.

Czterdzieści dni po narodzeniu Chrystusa, Pana naszego – a miał On delikatne ciało – Martmarijam Jego matka i Józef rzemieślnik wzięli Go, aby Go przedstawić w świątyni wedle przepisu Prawa Mojżesza. Wzięli Go więc, a razem z Nim zabrali dwa gołąbki wedle tego, co napisano w Prawie, to jest, że każdy chłopiec rodzaju męskiego otwierający łono ma zostać ofiarowany Panu, a jego rodzice złożą dwa gołąbki albo parę synogarlic (por. Wj 13,2–15).

Symeon, kapłan, który z powodu złego przetłumaczenia proroctwa Izajasza o narodzeniu Chrystusa pędził na świecie życie jako jeniec i który z powodu posuniętej starości miał już osłabione wszystkie zmysły, gdy Chrystus wszedł do świątyni, powstał i skoczył jak koziołek. I tak sprawdziły się słowa proroka, który prorokował: „I jeśli przyjdzie Zbawiciel, skoczą kulawi i ułomni skokiem jelenia" (por. Iz 35,6). Wtedy przyjął Chrystusa na swe ręce, a gdy spojrzał nań, otwarły się jego oczy i rzekł:

„Już teraz, o Panie, wyrwij sługę Twojego w pokoju z jego więzienia,
bo oczy jego ujrzały już twoje zbawienie,
dla którego przyszedłeś na świat,
bo Ty jesteś światłem ludów
i pierwszym nauczycielem w pokoleniu Izraela".

Potem rzekł do Maryi i Józefa i do wszystkich tam obecnych:

„Ten chłopiec jest jakoby skała, która jest na Syjonie,
aby jednych zbawić, a zgubić innych.
Ktokolwiek bowiem upadnie na tę skałę, zostanie zmiażdżony,
i kto na nią padnie, tego ona złamie.
Przez Niego będą się działy liczne cuda i znaki,
którymi serca będą utwierdzone do życia,
i przez Niego będą liczne wojny,
i przez Niego otworzone zostaną przedziwne tajemnice".

W tym czasie Szatan znajdował się w świątyni i podsłuchiwał, i słyszał to, co mówił Symeon, i ogarnęło go wielkie poruszenie: powrócił do swego wojska i powiedział o wszystkim, co mógł zrozumieć w związku z dziejami narodzonego. I rzekł im: „Nie przestanę zastawiać na Niego pułapek z nieba i od proroków, i od osób prawych, aż Go zabiję i wykluczę z tego świata".

MAGOWIE

Ewangelia gruzińska, 8

Wcielenie Chrystusa przez dziewicę Maryję w Betlejem w pieczarze dokonało się w roku 5300 od wygnania Adama z raju oraz w pierwszym roku panowania ormiańskiego króla Abgara i za czasów kapłaństwa Annasza i Kajfasza. Zwiastowanie Archanioła Gabriela Maryi odbyło się w mieście Nazaret dnia 7 kwietnia w środę rano.

Ewangelia gruzińska, 9

W tym samym roku ukazała się w Indiach gwiazda, podobna do księżyca w pełni, zaś na księżycu tym siedziała czternastoletnia panna podobna do słońca i trzymała na rękach chłopczyka mającego jeden dzień życia. Gwiazda ta była widoczna w ciągu dnia i nocy, lecz poza Indiami nigdy nikt jej nie widział. Wówczas wyszedł rozkaz od króla, aby zebrali się wszyscy filozofowie i wyjaśnili znaczenie tej gwiazdy. Filozofowie dużo mówili, ale nie mogli dojść do żadnego rozwiązania kwestii.

Ewangelia arabska Jana, 9

Magowie, którzy byli królami na Wschodzie, ujrzeli na niebie gwiazdę podobną do światła słońca; ona zaś spływała z nieba na ziemię jak gładka wstęga, a pośrodku tego światła znajdowała się podobizna młodej dziewczyny, która trzymała małe Dzieciątko, na którego ciele znajdował się wieniec ze światła. Gdy to magowie ujrzeli, zdumieli się wielce. Poczęli więc badać gwiazdy i zebrali o nich dane, ale nie znaleźli wiadomości o jakiejkolwiek gwieździe, która poruszyłaby się ze swego miejsca: stwierdzili, że świat niebiański jest utwierdzony. I mówili między sobą: „Jest rzeczą konieczną, abyśmy powrócili do tablic Nakazów pozostawionych w archiwach naszych przodków w królestwie. Może w nich znajdziemy, że napisano coś o tej gwieździe, może znajdziemy jej pozycję, a jeśli okaże się, że w Nakazach nie ma o niej mowy, sprawa zostanie zawieszona". Wzięli więc tablice Nakazów z archiwów królestwa i znaleźli w pewnym przykazaniu, które pozostawił Adam swojemu synowi, Setowi, takie słowa: „Nie może się zdarzyć, że Bóg przyjmie ciało z człowieka i zstąpi na ziemię, ale gdyby to nastąpiło, to pośród nieba pojawi się gwiazda, której blask rozciągnie się od nieba do ziemi, a pośrodku niej będzie dziewica, siedząca na najjaśniejszym tronie i trzymająca najpiękniejsze Dzieciątko, na którego głowie będzie korona ze światła, a Jego ręce będą trzymały niebo i ziemię, bo On jest Bogiem świata. Jest więc rzeczą konieczną szukać miejsca, w którym narodziło się to Dzieciątko, które spowodowało pojawienie się na niebie tej gwiazdy, i należy Mu złożyć w darze złoto, kadzidło i mirrę, które przodkowie przynieśli na Górę Skarbów, na którą zstąpił z raju Adam".

Ewangelia gruzińska, 9

Wówczas król Melkhi wyruszył w drogę i zabrał ze sobą cztery tysiące księży i cztery tysiące ludu, gwiazda zaś wskazywała im drogę, aż dotarli w ten sposób do kraju Kizyłbaszów. Gdy Gaspar, król perski, usłyszał o ich przybyciu, przyjął z wielkimi honorami króla Melkhi i zapytał: „Jaka jest przyczyna twego przybycia i dokąd idziecie?" Król Melkhi opowiedział mu o narodzeniu Chrystusa i wskazał na gwiazdę. Król Gaspar ucieszył się bardzo i również wziął ze sobą cztery tysiące księży i cztery tysiące ludu, i tak doszli oni do kraju Abasza. Tam powiedzieli o wszystkim królowi Baltazarowi, który także zabrał cztery tysiące księży i cztery tysiące ludu, i wyruszył z nimi.

Ewangelia arabska Jana, 9

Królowie Persji zaczęli przeszukiwać ziemię i trzej królowie szukali narodzonego. [...] Zabrali ze sobą złoto, kadzidło i mirrę, które znaleźli w archiwach, i wyruszyli na Zachód, a z nimi była gwiazda, która ich poprzedzała. W czasie długiej pielgrzymki napotkali trudności. Po dwóch latach przybyli wreszcie do Jerozolimy i pytali jej mieszkańców, których to napełniło wielkim lękiem.

Ewangelia gruzińska, 9

Tam zaś zatrzymali się; gwiazda zaś schowała się przed nimi, gdyż Chrystus się jeszcze nie narodził.

Ewangelia arabska Jana, 9

W tym czasie królem Żydów w Jerozolimie był Herod Nabatejczyk, który pełen lęku wysłał do królów perskich posłów z darami.

Ewangelia gruzińska, 10-11

Gdy przyszli oni [do nich], pozdrowili jedni drugich i usiedli, [po czym księża] zapytali: „Skąd przybywacie i dokąd idziecie? Uczciwi ludzie nie podróżują z taką ilością wojska. Już od trzech dni jesteście tu, pełno was w naszym mieście, a nikt nie udaje się do króla z hołdem. Czy to się godzi? Skąd przyszliście i dokąd się udajecie? Dlaczego nie chcecie nam tego powiedzieć? Jeżeli jesteście wielkimi kupcami, przyznajcie się nam, abyśmy mogli dać odpowiedź królowi, który jest w mieście". Na to król Melkhi odpowiedział: „Nie jesteśmy ani kupcami, ani wrogami, lecz poszukujemy drogi; dotąd drogę pokazywała nam gwiazda, lecz teraz się ukryła; czekamy więc, kiedy się znów ukaże, by iść dalej. Jesteśmy królami Indii, Persji i Abaszy; usłyszeliśmy o narodzinach Chrystusa; przyszliśmy, aby Mu złożyć hołd. Gwiazda prowadziła nas, lecz tutaj się schowała, gdy na nowo się ukaże, pójdziemy dalej". Wysłannicy powrócili do króla i opowiedzieli mu wszystko, co słyszeli: „Rzeczywiście, są to trzej wielcy królowie z wielką armią i mnóstwem towaru, mądrzy, ale sprytni ludzie; ale nie mogliśmy ostatecznie odgadnąć, czego oni chcą". Król Herod odrzekł: „Oni przyszli po to, aby wziąć tron w posiadanie – musimy wojować z nimi".

Na to księża odpowiedzieli królowi: „Jest ich trzech królów i mają dużo wojska, więc zwyciężą nas, pozabijają i zniszczą zupełnie nasz kraj. Czy nie lepiej byłoby dowiedzieć się naprzód [prawdy], wysłać do nich człowieka i zaprosić królów i księży w otoczeniu nielicznych osób; jeśli przyjdą, to są oni naszymi wrogami [?]". Po czym poszli i zaprosili ich.

Wtedy królowie weszli do Jerozolimy w otoczeniu nielicznych osób i udali się do króla Heroda. Po wzajemnym hołdzie zasiedli oni do uczty, podczas której król Herod zapytał królów: „W jakiej to sprawie przyszliście po takiej dalekiej podróży?" Królowie odrzekli: „W waszym kraju narodził się Jezus, nowy król; pragniemy Go zobaczyć i złożyć Mu hołd".

Gdy Herod to usłyszał, zląkł się naprawdę, zmartwił i powiedział: „O tym myśmy nic nie słyszeli". Królowie rzekli: „To dziwne, że my w tak dalekim kraju dowiedzieliśmy się o tym, a wy żyjecie tak blisko i o niczym nie wiecie. Już osiem miesięcy upłynęło, jak o tym wiemy; posiadamy bowiem księgę zapieczętowaną i napisaną przez samego Boga, i stąd wiemy". Herod odparł: „Przynieście waszą księgę, otworzymy ją i zobaczymy". Królowie odpowiedzieli na to: „My nie możemy tej księgi otworzyć; tylko jeden może to zrobić, kto ją napisał i zapieczętował". Wówczas Herod bardzo się rozgniewał i chciał ich uwięzić, lecz w tym samym momencie zadrżała ziemia, zawaliły się domy królewskie, zaś siedemdziesięciu dwóch ludzi zostało zabitych i zapadło się pod ziemię. Syn króla Heroda rozgniewał się bardzo na ojca, wypuścił z więzienia królów i pogodził ich z ojcem. Ten syn króla, który nazywał się Archelaus, okazał im wielkie honory i powiedział: „Idźcie w pokoju; niech Bóg wam dopomoże". Herod zaś rzekł: „Gdy odnajdziecie to Dziecko i złożycie mu hołd, dajcie mi znać albo przyprowadźcie Je ze sobą, abym także ja mógł złożyć Mu hołd". Pragnął w taki sprytny sposób schwytać Dziecko, aby je zabić. Królowie zaś powstali i powrócili do swego obozu, gdzie pozostawali dopóty, dopóki nie ukazała się im gwiazda, która przedtem była niewidzialna. Wtedy oni udali się w drogę, a gwiazda szła przodem.

Ewangelia arabska Jana, 9

Królowie wyruszyli z Jerozolimy i zatrzymali się tam, gdzie zatrzymała się gwiazda, a ona zatrzymała się nad grotą w Betlejem.

Ewangelia gruzińska, 14

Gwiazda, która prowadziła królów, zatrzymała się nad skałą, gdzie znajdowało się dziecię; wtedy poznali oni, że tam właśnie narodził się Chrystus. Było jeszcze bardzo wcześnie i ciemno, gdy zeszli z koni, zagrali na zurnach i nagharach, z radością wielką wysławiali Boga i wołali: „Niech będzie błogosławiony Bóg, który uczynił nas godnymi osiągnięcia pożądanego celu". Gdy Józef i Maryja usłyszeli dźwięki zurny i naghary, wyjrzeli z groty, a ujrzawszy wojsko, pozostawili dzieciątko w żłobie i uciekli. Gdy żołnierze to spostrzegli, zaczęli wołać: „Dokąd uciekacie? Czego się boicie? Powiedzcie nam, gdzie się narodził Chrystus?" Wtedy Maryja powróciła, wzięła niemowlę i położyła je na kolanach, Józef zaś wskazał im skałę, gdzie znajdował się Jezus. Kiedy oni ujrzeli to miejsce, stanęli z kolei i wchodzili po jednemu, aby złożyć mu hołd, i przynieśli mu w darze złoto, kadzidło i mirrę, szatę, i znów kadzidło, składając pokłony. Gdy [królowie] wyszli, [otaczający] zapytali króla Baltazara: „W jakiej postaci ujrzałeś Go, skoro wszedłeś?" Król odpowiedział: „Widziałem niemowlę jako Syna Bożego; siedziało na tronie Serafinów, zaś aniołowie je wysławiali". „A w jakiej postaci ty Je widziałeś, gdy wszedłeś?" – zapytali króla Gaspara. „Widziałem Je jako Syna Bożego w cierpieniu, który umarł i zmartwychwstał, a bezcieleśni aniołowie usługiwali Mu". I odrzekli mu: „Ty mówisz prawdę". A potem zapytali króla Melkhi: „W jakiej postaci ujrzałeś Go, gdy pokłoniłeś się Mu?" Król odpowiedział: „Ujrzałem człowieka doskonałego jako Syna Bożego. Siedział na tronie Boskim i sądził żywych i umarłych, a mnóstwo aniołów usługiwało Mu". I jemu również odrzekli: „Ty także mówisz prawdę". Wtedy urządzili naradę i postanowili: „Aby sprawdzić wrażenia każdego z nas, wejdziemy jutro i zobaczymy, jaki cud Bóg nam ukaże". Na drugi dzień weszli znowu, pokłonili się [Jezusowi] i wyszli, i znów pytali jedni drugiego. Tak pytał Melkhi Gaspara: „Co ty widziałeś?" Gaspar odrzekł: „To samo, co ty widziałeś wczoraj". [Potem] Gaspar zwrócił się do Baltazara: „Ja ujrzałem to, co ty widziałeś". Baltazar rzekł do Melkhiego: „A ja to co ty". Chcąc to sprawdzić jeszcze, wydali rozkaz, aby żołnierze weszli i pokłon oddali – i oni również opowiedzieli o cudzie, który tam ujrzeli. Na trzeci dzień królowie weszli razem i pokłonili się [Jezusowi], i zobaczyli niemowlę na kolanach matki, któremu usługiwali dwaj aniołowie.

Oni zaś wpatrywali się w Narodzonego i oddali Mu cześć, i ofiarowali Mu dary, które przynieśli: złoto, kadzidło i mirrę, wypełniając w ten sposób słowa Dawida: „Twój strój wypełniają zapachy mirry, kadzidła i kasji" (Ps 45,9 n.). Bo istotnie, złoto przyniesione przez tych magów Zbawicielowi oznacza trwałość Jego królestwa, kadzidło oznacza

Ewangelia arabska Jana, 9

boskość, mirra oznacza śmierć ciała przez nas przyjętego. A gdy królowie ofiarowali Narodzonemu swoje dary i oddali Mu cześć, wtedy Martmarijam dała im kawałek chleba jęczmiennego na drogę, jako że nie mieli nic ze sobą.

URZĘDOWA KORESPONDENCJA NA TEMAT PRZYBYCIA MAGÓW

Korespondencja Longinusa z Augustem na temat Magów, Wersja w Scholionie Teodora bar Koni

Longinus, filozof, posłał [następujący list] do cesarza: „Wiedz, o królu, że Persowie ze Wschodu wkroczyli na terytorium twego królestwa i przybyli do Palestyny, przynosząc dary dla małego chłopca, który się tam urodził. Kim on jest i czyim jest synem, jeszcze nie słyszeliśmy. Zechciej teraz ty zbadać tę sprawę".

Sacra Augusta do Heroda: „Cesarz August do Heroda, satrapy kraju Palestyny. Pokój! Usłyszałem, że cudzoziemcy przybyli z kraju Wschodu do kraju Palestyny, złożyli hołd i ofiarowali dary małemu dziecku, o którym słyszeliśmy, że tam się urodziło. Powiadom nas, kim jest i czyim jest synem ten, do którego zostały przysłane dary, i z jakiej przyczyny zostały mu ofiarowane".

Odpowiedź Heroda: „Herod do naszego pana cesarza Augusta. Pokój! Gdy zobaczyłem tych mężów, którzy przybyli ze Wschodu, pomyślałem, że są to albo szpiedzy, albo [wrogowie], którzy przybyli, by walczyć przeciw nam. Gdy ich spytałem: «Co robicie w naszym kraju?», odpowiedzieli w te słowa: «[Przybyliśmy] z powodu tradycji, [którą] otrzymaliśmy od naszych ojców [a która zawierała takie przykazanie]: 'Gdy zobaczycie gwiazdę świetlistą, weźcie dary i udajcie się do kraju Judei, bowiem tam urodzi się król Mesjasz. Padnijcie przed nim na ziemię i ofiarujcie [mu] dary. Obyście tego nie zlekceważyli!' Przybyliśmy więc zgodnie z tym, co nam przykazano». [Później,] gdy się zorientowałem, że ci mężowie nie wrócili do mnie [jak obiecali], rozkazałem zabić małych chłopców w tym mieście. Ty zaś nie kłopocz się tą sprawą, bo on został zabity wraz z tymi chłopcami. Miej się dobrze!"

NIEMOWLĘ W NIEBEZPIECZEŃSTWIE

[Rzeczywiście Magowie] chcieli zabrać niemowlę i zanieść do króla Heroda, lecz anioł powiedział im: „Nie wracajcie do Heroda, aby was nie spotkała jaka krzywda; niech każdy inną drogą powraca do swojego kraju". Tej nocy aniołowie śpiewali Jezusowi. Maryja i Józef wraz z niemowlęciem spędzili w grocie czterdzieści dni, potem udali się do świątyni.

Ewangelia gruzińska, 14

Król Herod, widząc, że go Mędrcy oszukali, rozgniewał się bardzo. A pragnąc ich pochwycić, wysłał swoich ludzi na wszystkie drogi. Kiedy ci nie odnaleźli ich, posłał do Betlejem. Rozkazał też pozabijać tam wszystkie dzieci poniżej dwóch lat, zgodnie z czasem, o którym dowiedział się od Mędrców. Na dzień przed tymi wydarzeniami Józef został we śnie ostrzeżony przez anioła Pańskiego, który mu powiedział: „Weź Maryję i Dzieciątko i przez pustynię udaj się do Egiptu".

Ewangelia Pseudo-Mateusza, 17

DROGA DO EGIPTU

Ewangelia arabska Jana, 8

Józef powstał więc ze snu, wziął dziecko i czystą Martmarijam do ziemi egipskiej. Gdy zaś Herod usłyszał, co mu powiedzieli starcy o dziejach narodzenia Chrystusa, nakazał, by zabito dzieci do dwóch lat.

Ewangelia Pseudo-Mateusza, 18

Kiedy przybyli do pewnej jaskini i chcieli w niej odpocząć, Maryja zeszła z osiołka i siadła, trzymając na kolanach Jezusa. Była tam Maryja, a z nią również trzech chłopców [sług] i jedna dziewczyna, którzy towarzyszyli im w drodze. Nagle z groty wyszło wiele smoków, na których widok dzieci zaczęły krzyczeć ze strachu. Wtedy Pan, który nie skończył jeszcze dwu lat, zsunąwszy się z kolan matki, stanął przed smokami, one zaś oddały Mu hołd i odeszły. I wtedy spełniło się to, co zostało powiedziane przez proroka psalmistę: „Chwalcie Pana z ziemi, smoki i wszystkie głębiny morskie" (Ps 148,7). Sam zaś mały Jezus szedł z nimi, aby nikomu nie szkodziły. Lecz Maryja i Józef mówili między sobą: „Lepiej byłoby dla nas, żeby te smoki nas zabiły, niż Dzieciątko zraniły". Jezus zaś rzekł do nich: „Nie myślcie, że jestem dzieckiem; ja bowiem zawsze byłem mężem dorosłym. Trzeba więc, aby wszystkie dzikie zwierzęta złagodniały wobec mnie" (por. Mk 1,13).

Ewangelia Pseudo-Mateusza, 19

Podobnie lwy i lamparty z czcią padały przed Jezusem i towarzyszyły Mu na pustyni. Dokądkolwiek Maryja i Józef udali się, poprzedzały ich, wskazując drogę. Swoją uległość okazywały pochyleniem głowy, a gotowość usługiwania zaznaczały merdaniem ogonem. Kiedy Maryja pierwszego dnia zobaczyła wokół siebie lwy, lamparty i różne gatunki dzikich zwierząt, bardzo się zlękła. Dziecię Jezus zaś z uśmiechem spoglądając na nią, powiedziało: „Nie bój się, matko, podążają bowiem one z nami nie dla zguby, lecz dla posługi twojej". Słowa te usunęły bojaźń z ich serc. Lwy zaś kroczyły razem z nimi wraz z wołami, osłami i bydlętami jucznymi, które niosły potrzebne im rzeczy, i nikogo nie atakowały, choć razem przebywały. Łagodne były wśród owiec i baranów, które Józef i Maryja zabrali z Judei i mieli ze sobą. Te zaś szły pośród wilków i nie płoszyły się. Nikt się nikogo nie bał, nikomu też nie działa się krzywda. Wtedy wypełniło się to, co Izajasz powiedział: „Wilki z baranami paść się będą, lew i wół razem jeść będą plewy" (Iz 65,25). Były bowiem dwa woły, którym lwy wskazywały drogę Pana naszego, Jezusa Chrystusa; one razem ciągnęły wóz z potrzebnymi rzeczami.

Po trzech dniach takiego podróżowania Maryja poczuła zmęczenie od nadmiernego żaru na pustyni. Widząc palmę, powiedziała do Józefa: „Odpocznę nieco pod jej cieniem". Józef z pośpiechem zawiózł ją pod palmę i pomógł zejść z osła. Kiedy Maryja spoczęła pod drzewem, przyglądając się liściom palmy, dostrzegła wiele owoców i powiedziała do Józefa: „Chciałabym, jeśli to możliwe, pokosztować owoców tej palmy". A Józef rzekł do niej: „Dziwi mnie, że tak mówisz. Widzisz przecież, jak wysoka jest ta palma, a pragniesz jeść jej owoce. Ja zaś martwię się brakiem wody, bo nasze bukłaki są puste i nie mamy czym ugasić pragnienia, ani my, ani nasze zwierzęta". Wtedy dzieciątko Jezus, spoczywając na łonie swej matki, dziewicy, zawołało do palmy: „Pochyl się, drzewo, posil swoimi owocami moją matkę". I na te słowa natychmiast palma nachyliła swój wierzchołek aż do stóp Maryi, i zebrano z niej owoce, którymi wszyscy się posilili. Kiedy już wszystkie owoce palmy zostały zebrane,

Ewangelia Pseudo-Mateusza, 20

pozostała ona pochylona, oczekując rozkazu powstania od Tego, na którego rozkaz pochyliła się. Wtedy Jezus rzekł doń: „Powstań, palmo, wzmocnij się i podziel los moich drzew, które są w ogrodzie Ojca mego. Odkryj zaś u swych korzeni źródło, które ukryte jest w ziemi. Niech z niego popłyną wody dla ugaszenia naszego pragnienia". I natychmiast podniosła się palma, z jej korzeni zaczęły wypływać źródła wód przeźroczystych, zimnych i słodkich. Widząc te źródełka, Józef i Maryja ucieszyli się wielce i ugasili pragnienie, wraz z pozostałymi ludźmi i zwierzętami, i złożyli dzięki Bogu.

Ewangelia Pseudo-Mateusza, 21

Następnego zaś dnia udali się w dalszą drogę. Kiedy opuszczali to miejsce, Jezus, zwracając się do palmy, rzekł: „Taki przywilej daję ci, palmo, że jedną z twoich gałązek wezmą aniołowie moi i posadzą w ogrodzie Ojca mego. Udzielam tobie takiego błogosławieństwa, że o wszystkich, którzy w jakiejś walce zwyciężą, będzie się mówić: «Zdobyliście palmę zwycięstwa»". Gdy On to mówił, ukazał się anioł Pański i stojąc przed palmą, wziął jedną z jej gałązek i trzymając ją w ręku, uleciał do nieba. Widząc to, wszyscy upadli na oblicza swoje i tak pozostali niczym martwi. Wtedy Jezus rzekł do nich: „Dlaczego strach ogarnął wasze serca? Czy nie wiecie, że ta palma, którą poleciłem przenieść, będzie przygotowana w miejscu szczęśliwości dla wszystkich świętych, jak była przygotowana na tej pustyni dla was?"

Ewangelia Pseudo-Mateusza, 22

Józef rzekł do Jezusa: „Panie, bardzo dokucza nam upał. Jeżeli się Tobie podoba, pójdziemy nad brzegiem morza; przechodząc bowiem przez miasta nadmorskie, będziemy mogli nieco odpocząć". Jezus mu odpowiedział: „Nie obawiaj się o to, Józefie! Tak skrócę wam drogę, że w ciągu jednego dnia przejdziecie tyle, ile można przejść w ciągu trzydziestu dni". Gdy to powiedział, oto przed ich oczyma ukazały się wzgórza i równiny Egiptu. Szczęśliwi i uradowani dotarli do granic miasta zwanego Sohennen, do którego weszli. A ponieważ nie znali nikogo, kto mógłby ich przyjąć w gościnę, wstąpili do świątyni, zwanej kapitolem tego miasta egipskiego. W świątyni tej stało trzysta sześćdziesiąt pięć posągów bóstw, którym codziennie w obrzędach bałwochwalczych oddawano cześć boską.

CUDA

Ewangelia Pseudo-Mateusza, 23–24

Gdy Maryja weszła z Dzieciątkiem do świątyni, stało się tak, iż wszystkie posągi padły na ziemię; one wszystkie leżały z doszczętnie rozbitymi i strzaskanymi obliczami, by jawnie okazała się ich nicość. Wtedy wypełniło się to, co powiedział prorok: „Oto Pan przyjdzie na lekkim koniu i wkroczy do Egiptu, a poruszą się przed Jego obliczem wszystkie dzieła rąk Egipcjan" (por. Iz 19,1). Skoro doniesiono o tym Afrodyzjuszowi, zarządcy tego miasta, przybył on do świątyni z całym swoim wojskiem, wszystkimi swoimi przyjaciółmi i towarzyszami. Kapłani zaś świątyni spodziewali się, że ukarze on tych, którzy stali się przyczyną zniszczenia ich bogów. Ów zaś, wkroczywszy do świątyni, przekonał się, że prawdą jest to, o czym słyszał. Natychmiast podszedł do Maryi, a Dzieciątku, które trzymała na rękach, pokłonił się jako Panu. Oddawszy zaś Jemu cześć przemówił do całego swego wojska i do wszystkich swoich przyjaciół, mówiąc: „Jeśliby On nie był Panem tych wszystkich bogów, to oni bynajmniej nie padliby na oblicza swoje przed Nim ani nie leżeliby powaleni przed Nim, poświadczając, że On jest ich Panem. Jeżeli my wszyscy przezornie nie uczynimy tak, jak bogowie nasi uczynili, możemy wzbudzić Jego gniew i wszyscy zginiemy, jak to przydarzyło się faraonowi, królowi Egipcjan, który panował w tych dniach, kiedy Bóg dokonał wielkich cudów w Egipcie i wyprowadził z niewoli swój lud potężną ręką".

Ewangelia Dzieciństwa Arabska, 14

I przybyli do innej wioski, a była w niej kobieta opętana, gdyż [zdarzyło się, że] wyszła w nocy, by zaczerpnąć wody, i nawiedził ją przeklęty, zbuntowany Szatan. Nie mogła się ani ubrać, ani przebywać w domu. Gdy związano ją powrozami i łańcuchami, za każdym razem rozrywała je i uchodziła na pustynię nago, stawała na skrzyżowaniach dróg i na cmentarzach, rzucając w ludzi kamieniami. Jej rodzina doznawała od niej wszelkich przykrości. Kiedy Święta Mirjam [Maryja] zobaczyła ową kobietę, zlitowała się nad nią i natychmiast opuścił ją Szatan. Odszedł, uciekając pod postacią młodzieńca, i mówił: „Biada mu od ciebie, o Mirjam, i od twojego syna". I została owa kobieta wyleczona ze swej choroby. Poznała samą siebie i zawstydziła się swojej nagości. Kryjąc się przed ludźmi, udała się do swej rodziny. Ubrała swe szaty i opowiedziała swemu ojcu, jak to się stało. A rodzina jej należała do największych notabli w mieście, ugościła więc Świętą Mirjam i Jūsufa [Józefa] z wielką wspaniałością.

Ewangelia Dzieciństwa Arabska, 15

Następnego dnia odeszli od nich zaopatrzeni w żywność na podróż i wieczorem tegoż dnia dotarli do innej wioski, w której odbywało się wesele. A przez podstęp Szatana przeklętego i przez działanie czarowników panna młoda stała się niemą. Więcej już nie przemówiła. A kiedy weszła Święta Pani Mirjam do swej wioski, niosąc Pana Mesjasza, swego syna, owa niema panna młoda zobaczyła ją i wyciągnęła ręce ku Panu Mesjaszowi. Przyciągnęła go ku sobie, nosiła i nie rozłączała się z nim. Całowała go, podnosiła i kołysała. I rozwiązało się zawiązanie jej języka, i otwarły się jej uszy, i oddała chwałę Bogu, dziękując mu, że obdarzył ją zdrowiem. Tej nocy zapanowała wśród mieszkańców owej wioski wielka radość, bo sądzili, że Bóg ze swymi aniołami zstąpił na nich.

I udali się stamtąd do al-Ğumajza'y, które nazywa się obecnie al-Matarija. W al-Matarija kazał Pan Jasū' [Pan Jezus] wytrysnąć źródłu, w którym to źródle prała Święta Pani Mirjam Jego odzienie. A z potu Pana Jasū', który z Niego spływał, wyrosło na tej ziemi drzewo balsamowe.

Ewangelia Dzieciństwa Arabska, 24

A stamtąd powędrowali dalej i zatrzymali się w Miṣr. Oglądali faraona i pozostali w ziemi egipskiej trzy lata. Pan Jasū' uczynił w ziemi egipskiej wiele cudów.

Ewangelia Dzieciństwa Arabska, 25

POWRÓT Z EGIPTU

Po pewnym czasie anioł Pański pojawił się Józefowi w Egipcie i rzekł doń: „Weź dzieciątko i Jego matkę i powróć do ziemi palestyńskiej. Umarł już bowiem Herod, który Go poszukiwał". Wziął więc Józef Chrystusa i Maryję i powrócił do Palestyny, gdzie przybyli, wędrując przez pustynię zwaną imieniem al-'Ain ad-Dewafija leżącą w krainie, w której łotrzy na zmianę napadali na podróżnych.

Ewangelia arabska Jana, 10

Oni zaś już z daleka ujrzeli Chrystusa, Maryję, Jego matkę, i Józefa i mówili jeden do drugiego: „Dziś twoja kolej! Podejdź więc do tych, którzy nadchodzą, zabierz im to, co mają, i przynieś to nam!" Poszedł więc ten łotr, ale skoro tylko ujrzał Chrystusa Pana naszego na łonie swojej matki, siedzących na oślicy, wzruszył się na ich widok. Wziął Dzieciątko z łona Jego Matki, ucałował Je w oczy, policzki i usta, uściskał Józefa i położył na piersiach Chrystusa srebrną monetę, którą miał, i rzekł do Maryi: „Sam Bóg dał wam to, co macie z sobą". A potem rzekł do swoich przyjaciół: „Uważajcie mnie za swego dłużnika w tym, co oni posiadają". A oni przystali na to.

Józef więc wędrował dalej z Dzieciątkiem i Jego Matką, a łotr szedł przed Chrystusem i jego Matką jako ich towarzysz. A gdy on tak im towarzyszył, upadł na ziemię i jego miecz złamał się na trzy części. Na to Chrystus powiedział do niego: „Weź ten miecz, Tytusie, i podaj mi go". Na to łotr zebrał trzy części swego miecza i podał je Chrystusowi, Chrystus zaś połączył je i złożył na nowo jego miecz takim, jakim był uprzednio. Gdy więc łotr ujrzał, co On uczynił z jego mieczem, i usłyszał, że On nazwał go jego imieniem, choć go nie znał, zdumiał się, padł przed nim i wielbił Boga, mówiąc do Chrystusa: „Panie mój, spraw, bym stał się jednym z tych, którzy będą z Tobą i którzy wykonają to, co się Tobie spodoba!"

Józef cieszył się razem z łotrem, wziął rękę Chrystusa i położył na jego głowie, a wtedy łotr padł przed Nim i rzekł: „Panie mój, pobłogosław mi!" A Jezus odpowiedział Mu: „Zaprawdę, mówię tobie, wyprzedzisz Adama w raju, gdy będziesz miał klucze Ojca". Ale jeden z łotrów, usłyszawszy te słowa, roześmiał się i wyśmiewał Go, mówiąc: „Jeśli to dziecko jest synem proroków, jak mogło powiedzieć o tym, który przez całe życie przelewał krew, że wejdzie do raju, że zostaną mu dane klucze i że wyprzedzi on Adama, naszego ojca?" Gdy zaś Chrystus ujrzał jego uśmiech i jego wyśmiewanie się, powiedział do niego: „Wiedz o tym, Daksarze, że ty nie osiągniesz dziedzictwa życia wiecznego jak Tytus, bo nie uwierzyłeś w słowa Twego Pana i Twojego Boga". Zdumiał się łotr na te słowa skierowane do niego przez Jezusa, który go skarcił imiennie, choć go nie znał, i rzekł sam do siebie: „Jakżeż to Dziecko może mówić o tych sprawach i skąd mu ta wiedza rzeczy ukrytych? Teraz już nie wątpię, że On jest synem proroków". I wszyscy łotrzy uznali: „Bez żadnych wątpliwości uznajemy, że Chrystus, Zbawiciel świata, już się narodził i że nim jest owo Dziecko, a Jego matka jest dziewicą". I poszli sobie.

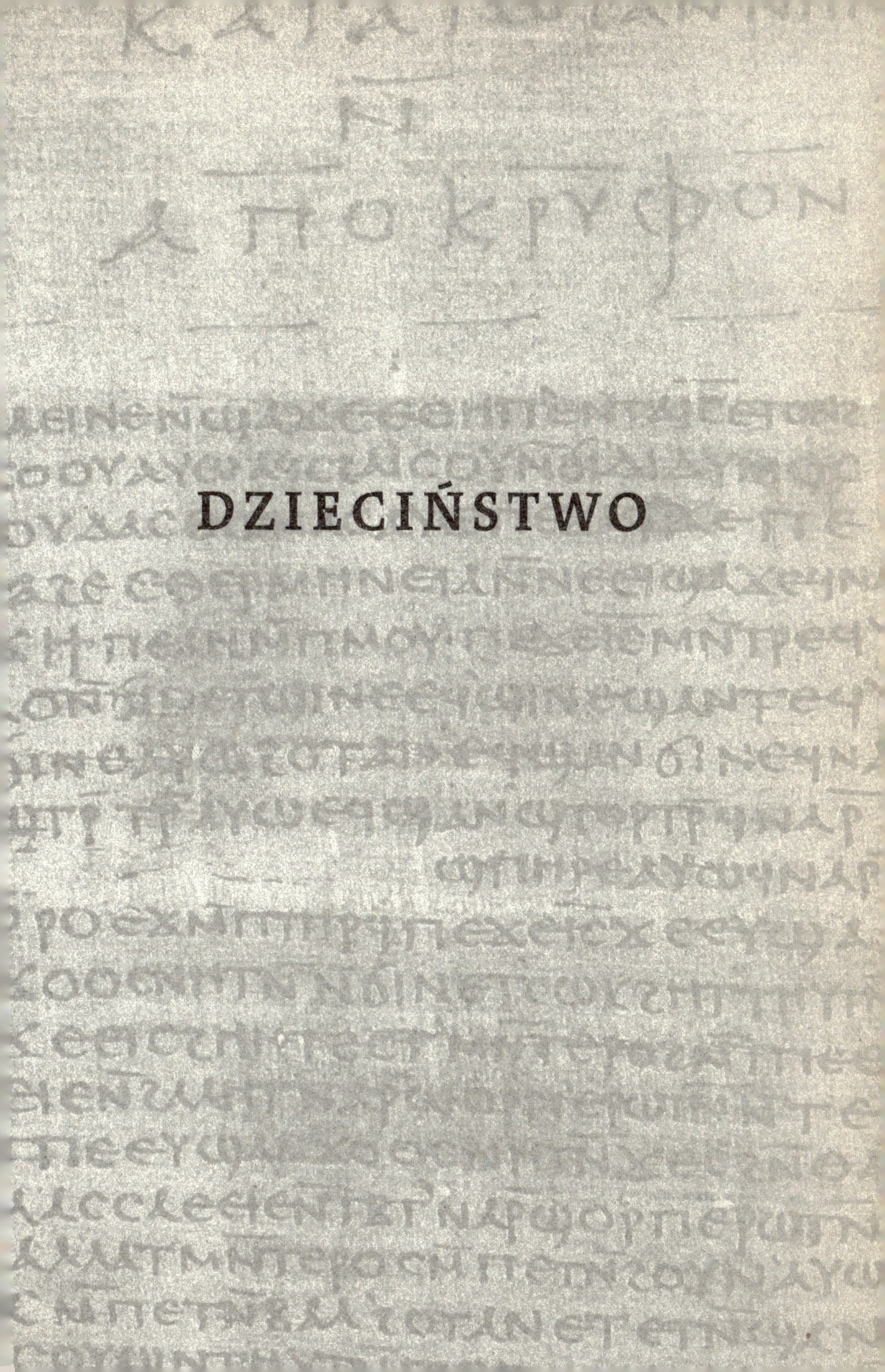

DZIECIŃSTWO

DWUNASTOLETNI JEZUS W ŚWIĄTYNI

Kiedy Jasū' skończył dwanaście lat, zawiedli go do Űrašalīm [Jerozolimy] na święto. I gdy skończyło się święto, wrócili. Pan Jasū' zaś pozostał w świątyni wśród rabinów, starców i uczonych synów [ludu] Izraela, zapytując ich i odpowiadając na stawiane mu pytania. I rzekł do nich: „Mesjasz czyim jest synem?" Odpowiedzieli: „Synem Dāwuda [Dawida]". I rzekł im: „Jakim więc sposobem [Dawid] nazywa go w duchu Panem swoim, kiedy mówi: «Rzekł Pan do Pana mego: siądź po prawicy mojej, aż wszystkie twoje wrogi dam za podnóżek pod twoje nogi?»" (por. Łk 2,41–50). I odpowiedział mu najstarszy z rabinów: „Czytałeś księgi Proroków?" Pan Jasū' odrzekł: „[Czytałem] księgi i to, co jest w księgach". I wyjaśnił im księgi i Torę, i przykazania, i mądrości, i tajemnice, które są w księgach Proroków – rzeczy, do których nie doszedł stworzony umysł ludzki. I powiedział ów rabin: „Ja do tej pory nie osiągnąłem tej wiedzy: cóż więc wyrośnie z tego chłopca?"

Ewangelia Dzieciństwa Arabska, 50–55

Był tam też uczony biegły w astronomii i rzekł do Pana Jasū': „Czy czytałeś [księgi] o astronomii?" Odpowiedział mu Pan Jasū': „Tak". I mówił mu, ile jest sfer i ciał niebieskich, następnie o ich naturze, oddziaływaniach, koniunkcjach, o ich trygonometrii, o ich kwadratach i sześcianach, o tym, kiedy są widoczne na niebie i kiedy zachodzą, o porach tych zjawisk i o ich przewidywaniu, a także o rzeczach, do których nie doszedł umysł ludzki.

I był wśród nich uczony w naukach przyrodniczych i powiedział do Pana Jasū': „Czy czytałeś, mój drogi, [księgi] o medycynie?" Przytaknął Pan Jasū' i opowiedział mu o naturze, o tym, co jest poza naturą i nad [nią], o liczbie natur i [tego, co] jest pod naturą, i o siłach ciała, i o ich wilgotności oraz o ich oddziaływaniach. Wymienił liczbę członków, kości, żył, arterii i nerwów; mówił również o działaniu ciepła i suchości, zimna i wilgoci oraz o tym, co z nich powstaje. A także o tym, jakie jest działanie duszy na ciało, o zmysłach i cechach ciała, jaki jest mechanizm mówienia, gniewania się i atakowania, na czym polega rozumowanie, łączenie i rozdzielanie pojęć, nadto i o innych sprawach, których rozum ludzki nie obejmuje.

Wtedy wstał ów mędrzec i oddał pokłon Panu i powiedział: „Od tej chwili jestem, o Panie mój, twoim uczniem i sługą".

Gdy oni w ten i podobny sposób rozmawiali, przyszła Święta Pani Mirjam po trzech dniach, podczas których ona i Jūsuf szukali go. I zobaczyła go, jak siedząc między uczonymi, pytał ich i odpowiadał im. Odezwała się do niego Święta Pani Mirjam: „Dlaczego tak postąpiłeś z nami, Synu mój? Oto ja i Twój ojciec szukamy Cię z wielkim trudem". I powiedział: „Dlaczego szukacie Mnie? Czyż nie wiecie, że muszę być w domu mojego Ojca?" Jeśli idzie o nich dwoje, to nie zrozumieli słów, które im powiedział. Odezwali się uczeni: „Czy to twój syn, o Mirjam?" Odrzekła: „Tak". Powiedzieli do niej: „Błogosławionaś Mirjam za to, co zrodziłaś". Pan Jasū' udał się do an-Nāṣira [Nazaretu] i był im obojgu posłuszny w każdej rzeczy. Jego matka zaś wszystkie jego słowa zachowywała w sercu swoim. I wzrastał Pan Jasū' w postaci i mądrości oraz w łasce u Boga i u ludzi.

Od tego czasu zaczął ukrywać swe cuda, tajemnice i znaki i postępował aż do ukończenia trzydziestu lat tak, jak nakazuje tradycja Tory, to znaczy do chwili, kiedy objawił mu się Ojciec w rzece al-Urdunn [Jordanie] jako głos wołający z nieba: „Oto jest Syn mój miły, którego sobie upodobałem". A świadczył mu Duch Święty w postaci białej gołębicy.

OSTATNIE DNI JÓZEFA

[Pewnego dnia nasz dobry Zbawiciel przemówił tymi słowami:] Kiedy jednak zmarł ten przestępca Herod, wróciliśmy do krainy Izraela i mieszkaliśmy w mieście izraelskim zwanym Nazaret. Mój ojciec zaś, ten błogosławiony starzec, pracował w zawodzie ciesielskim, tak że żyliśmy z pracy rąk jego. On nigdy nie jadł chleba za darmo, postępując według prawa Mojżesza.

Legenda o św. Józefie cieśli, 9–29

W tym czasie ani jego ciało nie było bezsilne, ani jego oczy nie były bez światła, ani żaden ząb w jego ustach nie był zniszczony, ani nawet nie był pozbawiony rozeznania w dziedzinie mądrości przez cały ten czas, lecz był jak młodzieniec. Czas jego życia trwał sto jedenaście lat do szacownej starości.

Jego zaś dwaj starsi synowie Jozetos i Szymon pojęli żony, odeszli do swych domów, i podobnie też jego dwie córki wyszły za mąż, jak postanowiono każdemu człowiekowi. Józef natomiast mieszkał z Jakubem, swoim małym synem.

Kiedy Dziewica mnie urodziła, byłem im całkowicie poddany jak dziecko, ponieważ wykonywałem rzeczywiście wszelkie ludzkie czyny z wyjątkiem grzechu. Ja zaś nazywałem Maryję swoją matką, a Józefa swoim ojcem, i byłem im posłuszny we wszystkim, co mi polecili, nie sprzeciwiając im się żadnym słowem, gdyż bardzo ich kochałem.

Potem zdarzyło się, iż zbliżyła się śmierć Józefa, mojego ojca, tak jak postanowiono każdemu człowiekowi. Kiedy zaniemogło jego ciało, jego anioł powiedział do niego: „W tym roku umrzesz". A kiedy jego dusza była zatrwożona, udał się do Jerozolimy, wszedł do świątyni Pańskiej, uczynił pokutę przed ołtarzem, modląc się w następujący sposób:

„Boże, Ojcze wszelkiego miłosierdzia i Boże wszelkiego istnienia. Panie mojej duszy i mojego ciała, i mojego ducha. Kiedy wypełnią się dni mojego życia, które dałeś mi na tym świecie, proszę Cię, Panie Boże, abyś mi posłał Michała Archanioła, aby był przy mnie aż do wyjścia mojej strapionej duszy z mojego ciała bez cierpienia i trwogi. Bo śmierć jest wielką bojaźnią i uciskiem dla każdego człowieka, zwierzęcia domowego i dzikiego, dla robaka i ptaka. Tak, dla każdego stworzenia pod niebem, posiadającego duszę żywą, jest cierpieniem i udręką, aż ich dusza odłączy się od ciała. Teraz więc, o Panie mój, niech Twój Anioł stoi przy mojej duszy i moim ciele, aby odłączyły się od siebie bez bólu. Nie pozwól, aby anioł przeznaczony mi od dnia, w którym mnie stworzyłeś, aż dotąd zwrócił swoje zagniewane oblicze przeciw mnie na drodze, kiedy pójdę do Ciebie, lecz aby obdarzył mnie pokojem. Nie pozwól, aby ci, których oblicze jest zmienne, prześladowali mnie na drodze, kiedy pójdę do Ciebie. Nie pozwól, aby ci, którzy są przy bramach, zatrzymali moją duszę, i nie zawstydzaj mnie przed Twoim strasznym sądem. Nie dopuszczaj przeciw mnie fal rzeki ognistej, w której oczyszczają się wszystkie dusze, zanim ujrzą Bożą chwałę. O Boże, który sądzisz każdego w prawdzie i sprawiedliwości, Panie mój, niech teraz Twoje miłosierdzie będzie dla mnie pociechą, bo Ty jesteś źródłem wszelkiego dobra. Tobie niech będzie chwała na wieki wieków. Amen".

Zdarzyło się jednak po tym wszystkim, iż udał się do Nazaretu, do miasta, w którym mieszkał, i zaniemógł na chorobę, na którą musiał umrzeć, jak postanowiono każdemu człowiekowi. A choroba jego była cięższa niż jakakolwiek, na którą chorował wcześniej, od dnia, w którym narodził się na świat.

Taki oto [był] żywot mojego kochanego ojca Józefa: Mając czterdzieści lat, pojął żonę, a dalsze czterdzieści dziewięć lat pozostawał w małżeństwie ze swoją żoną, i umarła. Jeden rok był sam. Moja matka była dalsze dwa lata w jego domu, aż do chwili, gdy mu ją oddali kapłani, mówiąc: „Strzeż jej do czasu, aż sprawimy wam gody weselne". Na początku trzeciego roku, gdy mieszkała w jego domu [a był to piętnasty rok jej życia], wydała mnie na świat w tajemnicy: nikt z całego stworzenia nie wiedział o tym oprócz mnie i mojego Ojca, i Ducha Świętego, ponieważ jesteśmy jednością.

Wszystkie zaś dni życia mojego ojca Józefa, starca błogosławionego, wynoszą sto jedenaście lat, zgodnie z tym, co zarządził mój dobry Ojciec. Natomiast dzień, w którym odszedł z ciała, jest dwudziesty szósty miesiąca Epep. Wtedy to wyborne złoto, którym jest ciało mojego ojca Józefa, rozpoczęło się przekształcać, a srebro, którym jest umysł oraz mądrość, odmieniło się. Zapomniał on jeść i pić, a jego znajomość rzemiosła odwróciła się w błąd.

MODLITWA JÓZEFA PRZED ŚMIERCIĄ

Zdarzyło się jednak dwudziestego szóstego miesiąca Epep, gdy zajaśniało światło, że popadł on w wielką trwogę na swoim posłaniu, westchnął głęboko, wydał okrzyk w wielkiej trwodze, mówiąc tymi słowy:

> Biada mi dzisiaj, biada temu dniowi, w którym moja matka wydała mnie na ten świat!
> Biada wnętrznościom, w których otrzymałem nasienie życia.
> Biada piersiom, które ssałem!
> Biada kolanom, na których siedziałem!
> Biada rękom, które mnie nosiły, aż urosłem i stałem się grzeszny!
> Biada mojemu językowi i moim wargom, ponieważ były często wplątane w nieprawość, w obmawianie, w oszczerstwa, w próżne [i] niepotrzebne słowa pełne podstępu!
> Biada moim oczom, ponieważ przyglądały się zgorszeniu!
> Biada moim uszom, ponieważ chętnie słuchały pustych słów!
> Biada moim rękom, ponieważ zabierały to, co im się nie należało!
> Biada mojemu żołądkowi i moim wnętrznościom, ponieważ pragnęły pokarmu, który im się nie należał: jeśli bowiem on coś znajdzie, to spala bardziej niż rozpalony piec i czyni zupełnie bezużytecznym!
> Biada moim nogom, ponieważ wyświadczały memu ciału złą przysługę, prowadząc je na złe drogi!
> Biada mojemu ciału, ponieważ obróciło moją duszę w pustynię obcą Bogu, który ją stworzył!
> Cóż teraz pocznę? Jestem zamknięty ze wszystkich stron!

Zaprawdę, biada każdemu człowiekowi, który będzie popełniał grzechy!
Zaprawdę, to jest wielka trwoga, którą widziałem u mojego ojca, Jakuba, gdy odchodził z ciała; jest to ta sama, która dziś przyszła na mnie, biednego!
Lecz Jezus, Bóg, pośrednik mojej duszy i mojego ciała, wykonuje swoją wolę nade mną.

Kiedy jednak mój kochany ojciec Józef to powiedział, wstałem, podszedłem do niego, leżącego w trwodze swojej duszy oraz swego ducha, mówiąc mu: „Bądź pozdrowiony, mój kochany ojcze Józefie, ty, którego starość jest szacowna i równocześnie błogosławiona".

On odpowiedział w wielkiej, śmiertelnej bojaźni, mówiąc mi: „Bądź pozdrowiony wielekroć, mój kochany synu! Oto moja dusza uspokoiła się we mnie na krótki czas, gdy usłyszałem twój głos.

Jezu, mój Panie, Jezu, mój prawdziwy królu, Jezu, mój dobry i miłosierny zbawicielu, Jezu, wyzwolicielu, Jezu, sterniku, Jezu, obrońco, Jezu, który [utrzymujesz] wszystko w swojej dobroci, Jezu, którego imię jest słodkie w ustach każdego i bardzo łagodne, Jezu, oko widzące, Jezu, ucho słyszące w prawdzie: wysłuchaj mnie dziś, mnie, twojego sługę, gdy Cię proszę, wylewając łzy przed Tobą. Ty jesteś Bogiem w prawdzie, Ty jesteś Panem w prawdzie, jak mi to często mówił anioł, szczególnie wtedy, gdy serce moje smuciło się we mnie z powodu ludzkiego myślenia o błogosławionej Dziewicy, ponieważ była w stanie odmiennym, dlatego powiedziałem: «Oddalę ją potajemnie». Kiedy jednak o tym myślałem, ukazał mi się we śnie anioł, mówiąc mi: «Józefie, synu Dawida, nie bój się wziąć do siebie Maryi, twojej małżonki, ponieważ ten, którego urodzi, jest z Ducha Świętego. Nie martw się wcale jej stanem odmiennym; ona urodzi syna, [a] ty nazwiesz imię jego Jezus» (por. Mt 1,19 n.). Ty jesteś Jezus Chrystus, zbawiciel mojej duszy i mojego ciała, i mojego ducha, nie potępiaj mnie, twojego sługi, dzieła rąk twoich. Ja nie wiedziałem, o mój Panie, o tajemnicy Twojego cudownego narodzenia ani jej nie znałem, ani też nigdy nie słyszałem, żeby niewiasta stała się brzemienną bez mężczyzny, albo że dziewica porodziła, pozostając nienaruszona w swym dziewictwie. O mój Panie, gdyby to nie było w zasięgu tej tajemnicy, nie uwierzyłbym w Ciebie i twoje święte narodzenie, nie uczciłbym tej, która Cię urodziła, Maryi, świętej Dziewicy. Pamiętam także ten dzień, w którym żmija jadowita ukąsiła dziecko i ono umarło. Jego rodzina szukała Ciebie, aby Cię wydać Herodowi. Twoje miłosierdzie je dotknęło, Ty je wskrzesiłeś, a przecież właśnie z jego powodu oskarżono Cię, żeś je zabił. I wielka radość stała się w domu tego, który umarł. Wtenczas ująłem Twoje ucho [i] zagadnąwszy Cię, powiedziałem Ci: «Bądź mądry, mój synu». W tym momencie, karcąc mnie, powiedziałeś do mnie: «Gdybyś nie był moim ojcem według ciała, upomniałbym cię za to, coś Mi uczynił». Teraz, o Panie mój i Boże mój, jeżeli policzysz mi tamten dzień, sprowadzając na mnie te straszne znaki, to proszę twoją dobroć, abyś mnie nie osądzał. Ja jestem twoim sługą i synem Twojej służebnicy. Jeżeli rozwiążesz moje więzy, złożę Ci ofiarę błogosławieństwa, którą jest wyznanie chwały Twojego bóstwa: Jesteś Jezusem Chrystusem, Synem Bożym w prawdzie i równocześnie Synem człowieczym".

Kiedy jednak opowiedział to mój ojciec Józef, nie mogłem nie wylać łez i płakałem, widząc, jak śmierć nad nim zapanowała, i słysząc te nieszczęsne słowa, które mi mówił. I następnie, o moi bracia, pomyślałem o mojej śmierci na krzyżu dla zbawienia całego świata.

A moja kochana matka, Maryja, której imię jest słodkie w ustach każdego, który mnie kocha, powstawszy powiedziała do mnie w wielkim zmartwieniu: „Biada mi, mój kochany Synu, pewnie umrze Józef, mąż szacownej i błogosławionej starości, twój kochany i czcigodny ojciec wedle ciała?" Powiedziałem jej: „O moja kochana matko, któż spośród ludzi, którzy noszą ciało, nie zakosztuje śmierci? Śmierć bowiem jest władczynią całej ludzkości, o moja matko błogosławiona: ty także musisz umrzeć jak każdy człowiek. Czy to będzie Józef, mój ojciec, czy ty, moja matko błogosławiona – wasza śmierć nie jest śmiercią, lecz wiecznym, nieustannym życiem. Również ja sam umrę za wszystkich z powodu ciała śmiertelnego, które nosiłem. Teraz jednak, o moja matko kochana, powstań, wejdź do błogosławionego starca Józefa, aż poznasz wyrok, który przyjdzie na niego z wysoka".

ŚMIERĆ JÓZEFA

A ona, powstawszy, weszła do pomieszczenia, gdzie leżał, i znalazła go, gdy objawił się już nad nim znak śmierci. Ja zaś sam, moi kochani, usiadłem u jego głowy, a moja matka Maryja usiadła u jego stóp. Chociaż skierował on swoje oczy na moje oblicze, nie był już w stanie rozmawiać, ponieważ godzina śmierci panowała nad nim. Kiedy później skierował swoje oczy ku górze, wydał głęboki jęk. Ja trzymałem jego ręce i nogi dłuższy czas, podczas gdy on patrzył na nie i błagał mnie: „Nie pozwól, aby mnie zabrali".

Ja, kładąc moją rękę na jego serce, wyczułem, że jego dusza doszła do jego gardła, aby ją zabrano z jego ciała. Lecz jeszcze nie wypełniła się ostatnia godzina, aby śmierć nadeszła; inaczej by nie zwlekała, ponieważ zaprawdę towarzyszyła jej trwoga i załamanie oraz płacz i wyniszczenie, które ją poprzedzają. Kiedy moja kochana matka zobaczyła, jak dotykam jego ciała, ona także, dotykając jego stóp, wyczuła, jak tchnienie gorączki ustawało, opuszczając je. Powiedziała mi szczerze: „Dzięki niech będą tobie, mój kochany synu, ponieważ od tej godziny, kiedy położyłeś swoją rękę na jego ciele, opuściła go gorączka. Oto jego stopy i jego piszczele są zimne jak lód".

Wtedy ja zawołałem jego synów i jego córki, mówiąc im: „Teraz wy porozmawiajcie z waszym ojcem, ponieważ jest to czas na rozmowę, zanim te usta skończą mówić, a to nieszczęśliwe ciało stanie się zimne". Wtedy rozmawiali z Józefem jego synowie i jego córki. On [natomiast] popadł w niebezpieczeństwo z powodu śmiertelnego cierpienia, chcąc odejść z tego świata. Odpowiedziała Lizja, córka Józefa, mówiąc do swego rodzeństwa: „Biada mi, moje rodzeństwo, gdyby to miała być choroba mojej kochanej matki; od tej pory już jej nie widzieliśmy. Teraz znów w ten sam sposób [dzieje się] z naszym ojcem Józefem, tak że nie zobaczymy go na wieki". Wtedy dzieci Józefa podniosły głos, płacząc. Ja sam i moja dziewicza matka, Maryja, płakaliśmy razem z nimi, ponieważ naprawdę nadeszła godzina śmierci.

Ja tymczasem, spoglądając na stronę południową, zobaczyłem, [jak] śmierć zbliżała się do domu. Postępował za nią Amente, który jest jej narzędziem, oraz diabeł; równocześnie szedł za nim nieprzeliczony tłum dziesiętników przybranych w ogień, z których ust wychodziły dym i siarka. A mój ojciec Józef, patrząc widział, jak oni szli za nią pełni gniewu przeciw niemu; napełniają oni bowiem swoje oblicze gniewem przeciw każdej duszy, która wychodzi z ciała, szczególnie [przeciw] grzesznikom, w których znajdują małą cząstkę samych siebie.

Kiedy [mąż] szacownej starości zobaczył, że śmierć była razem z nimi, zapłakały jego oczy. W owej godzinie dusza mojego ojca Józefa wybuchła wielkim wzdychaniem, szukając miejsca schronienia, aby się uratować. Kiedy usłyszałem jęk mojego ojca – ponieważ spostrzegł moce, których nigdy nie widział – wstałem natychmiast, grożąc diabłu [i] wszystkim, którzy z nim byli. Oni jednak wszyscy uciekli ze wstydem i z wielką trwogą.

Żaden człowiek z tych, którzy siedzieli wokół mojego ojca Józefa, również moja matka Maryja, nie wiedzieli o tych wszystkich strasznych zgrajach, które chodzą za duszą człowieka. Śmierć jednak przestraszyła się, kiedy ujrzała, iż zagroziłem mocom ciemności, wyrzucając je, aby żadna z tych mocy nie była nad nim. Ja natomiast, powstawszy, wzniosłem w tym momencie modlitwę do mojego wielce miłosiernego Ojca:

„Mój ojcze i Ojcze wszelkiego miłosierdzia, Ojcze prawdy, oko widzące, ucho słyszące, wysłuchaj twojego ukochanego Syna – ja nim jestem, gdy proszę Ciebie za dziełem rąk Twoich, za moim ojcem, Józefem, abyś mi posłał wielki chór aniołów z Michałem, zarządcą dóbr, i Gabrielem, dobrym posłańcem światła, aby szli z duszą mojego ojca Józefa, aż minie on siedem eonów ciemności, a także aby ona nie chodziła po tych wąskich drogach, które są straszne do przebycia. Napełnia wielkim strachem zobaczenie potęg stojących na nich, [zwłaszcza że] rzeka ognista jest wzburzona w tym miejscu jak fale morskie. Dlatego bądź miłosierny dla duszy mojego ojca Józefa, gdy przyjdzie do twoich świętych rąk, bo jest to godzina, w której potrzebuje on miłosierdzia". Mówię wam, moi czcigodni bracia i błogosławieni apostołowie, iż każdy z ludzi, który się narodził na świat, który poznał dobro i zło, jeśli spędzi swój czas, wisząc na powiekach moich oczu, potrzebuje miłosierdzia mojego dobrego Ojca, gdy dojdzie do godziny śmierci i do przebycia szlaku wędrownego oraz do strasznego trybunału i obrony. Lecz ja chcę wrócić do odejścia z ciała mojego ojca Józefa, sprawiedliwego starca.

Pożegnałem go, kiedy on oddał swego ducha. Aniołowie wzięli jego duszę, zawijając ją w prześcieradło z czysto jedwabnego bisioru. Kiedy wszedłem, usiadłem przy nim. Nikt jednak z ludzi siedzących wokół niego nie wiedział, że on umarł. Ja spowodowałem, że Michał i Gabriel strzegli jego duszy ze względu na moce znajdujące się na drodze, i dlatego aniołowie śpiewali przed nią, aż przekazali ją mojemu dobremu Ojcu.

Ja natomiast wróciwszy do ciała mojego ojca Józefa, złożonego niby pusta marność, zacisnąłem jego oczy i zamknąłem je oraz usta, [a] wstając, spoglądałem na niego. Powiedziałem do Dziewicy: „O Maryjo, matko moja, gdzież są teraz wszystkie dzieła sztuki rzemieślniczej, które on wykonał od swego dzieciństwa aż do tej pory? Wszystkie przeminęły w tej jednej godzinie, tak jak gdyby w ogóle na świat się nie narodził".

Gdy jego synowie i córki usłyszeli, co mówiłem mojej dziewiczej matce, powiedzieli do mnie z wielkim płaczem: „Biada nam, o Panie nasz! Czy przypadkiem ojciec nasz nie umarł, a myśmy o tym nie wiedzieli?" Ja powiedziałem im: „Naprawdę umarł, lecz śmierć mojego ojca Józefa nie jest śmiercią, lecz życiem wiecznym.

Wielkie są bowiem rzeczy, które otrzyma mój kochany ojciec, Józef, bo od momentu gdy jego dusza odeszła z ciała, zakończyły się dla niego wszelkie cierpienia. On wszedł do królestwa wiecznego, zostawiając za sobą ciężar ciała, zostawiając za sobą ten świat, pełen wszelkiego cierpienia i wszelkiego starania oraz pustki; on wszedł do miejsca spoczynku mojego Ojca, który jest w niebiesiech, niezniszczalnych na wieki".

Kiedy jednak powiedziałem mojemu rodzeństwu: „Zmarł wasz ojciec Józef, starzec błogosławiony" – powstali, rozdarli swe szaty i przez długi czas płakali.

Wtedy całe miasto Nazaret i cała Galilea, słysząc płacz żałobny, zebrali się wszyscy na miejscu, gdzie byliśmy. Zgodnie z prawem żydowskim spędzili cały dzień na opłakiwaniu go, aż do godziny dziewiątej. O godzinie zaś dziewiątej tego dnia kazałem, aby wszyscy wyszli, polałem wodą ciało mojego kochanego ojca Józefa, namaściłem go pachnącym olejkiem, prosząc mojego dobrego Ojca, który jest w niebiesiech, modlitwami niebiańskimi, jakie wypisałem moimi własnymi palcami na tablicach nieba, zanim przyjąłem ciało z Maryi, świętej Dziewicy. I w momencie gdy powiedziałem: „Amen" modlitwy, przybyła wielka liczba aniołów. Rozkazałem, aby dwóch z nich rozpostarło odzienie, i sprawiłem, że położyli w pośrodku szat błogosławione ciało mojego ojca Józefa i owinęli je.

A ja położyłem moje ręce na jego ciele, mówiąc: „Niech przykry zapach śmierci nie zapanuje nad tobą ani niech twoje uszy nie próchnieją, ani niech zepsucie nigdy nie wypływa z twojego ciała, ani niech się nie podrze w ziemi twoje odzienie pogrzebowe ni ciało, którym cię przyodziałem, lecz niech przetrwa z tobą aż do dnia uczty tysiąca lat, ani włosy twojej głowy niech się nie starzeją: te [włosy], których ja często dotykałem swoimi rękoma. O mój kochany ojcze, Józefie, to, co jest dobre, niech ci się stanie. Kto zatroszczy się o ofiarę i przyniesie ją na twoje miejsce w dniu twojego święta, dnia dwudziestego szóstego miesiąca Epep, tego ja sam pobłogosławię ofiarą niebieską. Ani też nie pozwolę, żeby temu, kto da chleb biednemu w rękę, brakowało czegokolwiek z dóbr tego świata po wszystkie dni jego życia. Tych, którzy dadzą szklankę wina w rękę obcego lub wdowy albo sieroty w dniu twego wspomnienia, powierzę tobie, abyś zaprowadził ich na ucztę tysiąca lat.

Tych, którzy spiszą księgę twojego odejścia z ciała i wszystkie słowa, które wyszły dzisiaj z ust moich, [przysięgam] na twoje zbawienie, tych powierzę tobie na tym świecie, o mój kochany ojcze, Józefie, a potem, kiedy opuszczą ciało, podrę zapis dłużny ich grzechów, aby nie doznali żadnego cierpienia oprócz koniecznej śmierci i rzeki ognistej, znajdującej się przed moim Ojcem, który oczyszcza każdą duszę. A jeśli człowiek biedny, który nie umie uczynić tego, co powiedziałem, [a] zrodziwszy syna, nazwie go imieniem Józef, aby wsławić twoje imię, nie nawiedzą jego domu ani głód, ani zaraza, ponieważ w nim przebywa twoje imię".

Potem do miejsca, gdzie leżało ciało mojego ojca Józefa, przyszli starsi miasta oraz grabarze, chcąc pogrzebać jego ciało wedle żydowskiego sposobu grzebania. I znaleźli go już tam przygotowanego do pogrzebania: całun był przymocowany do jego ciała, jak gdyby przyczepiono go żelaznymi klamrami. A kiedy go poruszyli, nie znaleźli żadnego otworu w całunie. Następnie zaś wyniesiono go aż do grobu. Kiedy kopali przy wejściu do jaskini, by otworzyć jej wejście i złożyć go obok jego ojców, ja przypomniałem sobie ten dzień, w którym uchodził ze mną do Egiptu, oraz te wielkie trwogi, które przyjął ze względu na Mnie, dlatego rozciągnąłem się nad jego ciałem, opłakując go długi czas, mówiąc:

„O śmierci, która wzbudzasz wiele łez i liczne narzekania! Wszak ten, który jest ponad każdym, dał tobie tę siłę cudowną. Lecz nagana nie jest skierowana przeciw śmierci, ale przeciw Adamowi. Śmierć bowiem nie wykonuje niczego bez rozkazu mojego Ojca. I był ktoś, kto żył dziewięćset lat, zanim umarł, wielu innych także żyło dłużej. Nikt jednak z nich nie powiedział: «Widziałem śmierć» albo «Ona przychodzi od czasu do czasu, zadając komuś cierpienie», ponieważ ona przyniosła im cierpienie tylko jeden raz i również wtedy był tam mój dobry Ojciec, który posyła ją do człowieka. W tym czasie jednak, gdy ona chodzi za nim [człowiekiem], słyszy wyrok przychodzący z nieba. Jeśli jest to wyrok przychodzący na trwogę i pełen gniewu, to i sama śmierć przychodzi na trwogę i gniew; wypełniając rozkaz mojego dobrego Ojca, zabiera duszę człowieka, oddając ją jej Panu. Śmierć nie może go ani wrzucić do ognia, ani zaprowadzić do królestwa niebios.

Śmierć wypełnia bowiem rozkaz Boga. Adam natomiast nie wypełnił woli mojego Ojca, lecz popełnił nawet przestępstwo, aż mój Ojciec zagniewał się na niego, kiedy Adam, słuchając swojej żony, stał się nieposłuszny mojemu Ojcu, który posłał śmierć na każdą duszę. Gdyby Adam nie był nieposłuszny mojemu dobremu Ojcu, nie sprowadziłby on na niego śmierci. Cóż przeszkadza mi, bym prosił mojego dobrego Ojca, aby posłał mi duży wóz świetlisty, na którym położyłbym mojego ojca Józefa, tak iżby nie skosztował w ogóle śmierci; abym spowodował zabranie go w ciele, w którym się urodził, do miejsca spoczynku i by przebywał z moimi bezcielesnymi aniołami? Ale z powodu przestępstwa Adama przyszły srogie cierpienia na całą ludzkość wraz z koniecznością śmierci. Skoro noszę te cierpiętliwe ciało, to muszę zakosztować w nim śmierci i zlitować się nad nim ze względu na postać ludzką, którą stworzyłem".

Kiedy to powiedziałem, obejmując mojego ojca Józefa [i] opłakując go, otworzono drzwi grobu, złożono w nim jego ciało obok ciała jego ojca Jakuba. A śmierć przyszła na niego w sto jedenastym roku życia i ani jeden ząb nie był zepsuty w jego ustach, ani jego oczy nie były ociemniałe, lecz jego zdolność widzenia była taka, jak małego dziecka. Nigdy nie był on słaby, lecz pracował w zawodzie ciesielskim aż do dnia, gdy położył się złożony chorobą, na którą miał umrzeć.

DZIAŁALNOŚĆ PUBLICZNA

CHRZEST JEZUSA

Co się zaś tyczy Jezusa, wzrastał On w mądrości, postawie i łasce u Boga i u ludzi, ale nie okazywał żadnych oznak swego bóstwa, lecz z pokorą pracował wśród wszystkich ludzi. A kiedy miał dwanaście lat, zaczął upominać nauczycieli i ludzi oszukujących.

Legenda o św. Janie Chrzcicielu przypisywana Serapionowi, 19

I w piętnastym roku rządów Tyberiusza Cezara, który panował po Auguście, kiedy Herod był tetrarchą Galilei i kiedy Annasz i Kajfasz byli najwyższymi kapłanami, w tym roku słowo Boga przyszło do Jana, syna Zachariasza, na pustyni. Przybył on do krajów, które otaczały Jordan, przepowiadając i mówiąc: „Nawróćcie się, bo bliskie jest królestwo niebieskie". A ludność ze wszystkich okolic Judei i Jerozolimy przychodziła do niego i przyjmowała od niego chrzest w Jordanie, wyznając [przy tym] swoje grzechy.

W tym czasie chrzcił Jan w rzece Jordan wszystkich synów Izraela, którzy do Niego przychodzili. I mówił do swych uczniów: „Wiedzcie, że przykazał mi Pan przez Ducha Świętego, gdy byłem jeszcze w łonie mej matki, abym chrzcił w Jordanie wszystkich na odpuszczenie grzechów. A gdy zauważę, że woda w rzece cofa się wstecz i staje się gorąca – oto jest znak, że na świat przyszedł Baranek Boży, o którym przepowiadali, że przyjdzie On do mnie, abym Go ochrzcił".

Ewangelia arabska Jana, 33,1–6

Gdy więc pewnego dnia Jan chrzcił ludzi w Jordanie, ujrzał, jak rzeka cofnęła się wstecz, i odczuł, że woda w rzece staje się gorąca, tak jakby jakiś ogień płonął pod rzeką. Wtedy wyciągnął z wody swą rękę i zawołał: „Już przyszedł Baranek Boży, który gładzi grzechy ludzi, i choć na świat przyszedł po mnie, był przede mną, a przez Niego wszystko się stało. On jest tym, któremu nie jestem godzien rozwiązać rzemyka u sandała". Następnie zawołał głośno: „Zmiłuj się nad sługą twoim i powiedz mu, jaka jest twoja natura, otwórz mu swoje tajemnice i spraw, by usłyszał on głos Ojca twego, boś Ty jest Synem Boga żywego i wiecznego!"

Chrystus, gdy zakończył mowę o znakach skierowaną do swoich uczniów, rzekł do nich: „Idźmy do rzeki Jordanu". I ruszyli wraz z Nim, i doszli do Betanii, która jest przy drodze pomiędzy Jerozolimą a Jordanem. I tam przenocowali u Al-'Azar.

I gdy zaświtał dzień, rzekł Pan do swoich uczniów: „Ruszamy razem nad Jordan: tam usłyszycie głos wołający na pustyni, aby uczynić drogi moje gładkimi; tam ujrzycie żagiew płonącą i jak ona świeci, najjaśniejsza przed królem królów. Nuże, idźmy ku światłu płonącemu na pustyni, idźmy do gwiazdy światła. I zaprawdę mówię wam: sam Jan chrzci, a doskonalszego od niego nie zrodziła nigdy niewiasta; czyny jego można porównać z czynami Eliasza proroka. Oto dziś złamię tego, który jest zbrodniarzem, moc jego pomniejszę, a jego samego pogrążę w otchłani wód. Dziś uświęcę wody ziemi. Dziś wypełnią się proroctwa proroków. Dziś morze spojrzy na Mnie i ucieknie. Dziś ujrzy Mnie Jordan i cofnie się wstecz. Dziś zostanie zniszczona moc Szatana. Dziś świat rozjaśnieje. Dziś zostanie odnowiony święty ojciec Adam. Dziś zostanie złagodzony grzech przypisany Ewie, matce rodu ludzkiego. Dziś stanie się wam jasnym, kim jestem. Dziś nakażę, abyście usłyszeli głos Ojca. Dziś dacie świadectwo mocy Ducha Świętego. Dziś ukaże się wam istota Trójcy Świętej. Dziś góry i pustynie rozradują się, jak cieszą się baranki. Dziś radość wedrze się do wszystkich ludów, a one poniosą radość w swoich rękach. Dziś Jan Mnie ujrzy, syn bezpłodnej niewiasty, i rozraduje się jego dusza. Dziś poruszy się serce wszelkiego biedaka. Dziś nadejdzie światło dla tych, którzy mieszkają w ciemnościach. Dziś uzyskam wolność dla tych, którzy są Mi podobni, a przebywają w piekłach. Dziś otworzą się bramy niebios. Dziś pierwsi staną się ostatnimi, a ostatni pierwszymi. Dziś stanie się wam jasnym, kim Ja jestem i skąd przyszedłem. Dziś usłyszycie głos Ojca i Jego świadectwo o Mnie i o moim pochodzeniu od Ojca. Dziś rozraduje się Jordan i wszystkie rzeki. Dziś niebo i ziemia wołać będą, a wody gorzkie staną się słodkimi, a ci, co łakną, nacieszą się słodkim łykiem. Dziś odnowię to, co stworzyłem. Dziś słońce siedemkroć wyda swoje światło. Dziś jest dzień Pański, o którym mówili prorocy".

Gdy zakończył swoją mowę, przybyliśmy do Jordanu. A gdy Jan zobaczył Jezusa, zawołał najgłośniej, jak tylko mógł, mówiąc: „Ty jesteś Barankiem Bożym, który gładzi grzechy świata. Ty jesteś Synem Jego jednorodzonym, który przyszedł dla naszego zbawienia. Ty jesteś królem królów, o którym prorokował Zachariasz. Ten jest bez wątpienia jednorodzonym Boga wiecznego".

Legenda o św. Janie Chrzcicielu przypisywana Serapionowi, 20

Zbawiciel (...) powiedział mu: „Ochrzcij Mnie". Kiedy Jan zobaczył Boga stojącego przed nim i pragnącego zostać przez Niego ochrzczonym, pochwycił go wielki strach i powiedział do niego: „Ten, który przeprowadził dzieci Izraela przez Morze Czerwone i sprawił, że pili słodką wodę ze stałej skały, stoi przed swoim sługą, który powinien przyjąć chrzest z Jego boskich rąk, i mówi «Ochrzcij Mnie»!" I zaczął odwracać się od Niego. Ale [Jezus] powiedział mu: „Przestań, powinniśmy wypełnić wszelką sprawiedliwość". Następnie obydwaj weszli do wody i święty Jan ochrzcił Go, mówiąc: „Chrzczę Tego, którego Ojciec posłał, aby wypełnił wielką tajemnicę". Zaraz potem niebiosa się otworzyły i Duch Święty zstąpił na Niego jak gołębica. I Jan widział to z bliska; a Ojciec zawołał, mówiąc: „To jest mój Syn umiłowany, Jego słuchajcie".

Ewangelia arabska Jana, 33

Oto jest Syn mój umiłowany, w którym sobie upodobałem;
to jest Syn mój umiłowany, którym się raduję;
to jest Syn mój miły, przez którego założyłem niebo i ziemię;
to jest Syn mój zrodzony przed wiekami i czasami;
to jest Syn mój, nigdy ode Mnie nieoddzielony i nigdy nieodłączony;
to jest Syn mój, który jest prawdziwie moim obrazem".

I gdy uczniowie usłyszeli ten głos z nieba, duch ich stał się chętniejszy do wierzenia i zostali utwierdzeni. Bo głos ten usłyszał nie tylko Jan, który chrzcił, ale także i jego uczniowie, i wszyscy, którzy tam byli. I uwierzyli w Chrystusa, Pana naszego.

I rzekł Jan, a jego słowo i jego świadectwo jest prawdziwe: „Oto ja ujrzałem Ducha zstępującego na Jezusa i usłyszałem głos Ojca, którym dawał świadectwo o swoim Synu".

Gdy Jezus wyszedł z Jordanu po chrzcie [...] zstąpił tłum aniołów, którzy ochrzczonego przyjęli swymi skrzydłami, a następnie wszyscy padli przed Nim na twarz.

I Zbawiciel wyszedł z wody i poszedł na pustynię. A co się tyczy Jana, pozostał on nad Jordanem, chrzcząc wszystkich, którzy do niego przychodzili.

Legenda o św. Janie Chrzcicielu przypisywana Serapionowi, 20

ŚMIERĆ JANA CHRZCICIELA

W tym czasie Herod powstał przeciwko Filipowi, swemu bratu, i knuł intrygi przeciwko niemu wraz z władcą cesarzem, mówiąc: „Ten, którego wyznaczyłeś, aby był władcą Trachonitów, czyli Filip, źle rządził twoim krajem, i powiedział: «Nie będę płacił podatku królowi, ponieważ także ja jestem królem»". Cesarz wpadł w wielką wściekłość i rozkazał Herodowi wysiedlić go z jego kraju i skonfiskować wszystkie jego posiadłości i jego dom, i nie mieć żadnej litości, nawet nad jego duszą. Herod postąpił według rozkazu cesarza i splądrował krainę swego brata Filipa wraz z jego domem i wszystkimi jego posiadłościami, i zakrólował nad jego krajem. A Filip miał żonę, zwaną Herodiadą, która miała córkę z tego samego Filipa, zwaną Arkostiana. Kiedy Filip stał się biedniejszy niż ktokolwiek inny, Herodiada okrutnie go znienawidziła i powiedziała do niego: „Nie pozostanę z tobą dłużej, ale pójdę do twojego nowego pana, Heroda, który jest lepszy od ciebie". Następnie szybko napisała do Heroda, mówiąc: „Herodiada pisze do Heroda, co następuje: Teraz, kiedy masz całą Syrię pod swoimi rządami i królujesz nad całą ziemią, nie przyjąłeś mnie [jeszcze] jako swej żony. Jestem bardzo piękna i lepsza od wszystkich kobiet Judei. Mam także córkę taką, że podobnej do niej nie widziałam w całym świecie co do piękności i postawy. Chcę

Legenda o św. Janie Chrzcicielu przypisywana Serapionowi, 19–23 być twoją żoną. Znienawidziłam bardzo twojego brata, aby wzmocnić twoje królestwo".

Kiedy te przebiegłe słowa dotarły do złego [króla], ten ucieszył się z nich i natychmiast wydał rozkaz, aby ona i jej córka zostały zabrane z domu Filipa. Kiedy Filip zobaczył, że jego żona została zabrana siłą od niego, gorzko zapłakał i powiedział do swej córki: „W takim razie, gdy twoja matka została zabrana ode mnie, ty zostań ze swoim ojcem". Ale cudzołożnica odpowiedziała mu: „Nie zostanę z tobą, lecz będę towarzyszyć mej matce, dokądkolwiek się uda". Dlatego obie zostały wzięte i przedstawione Herodowi, któremu bardzo się spodobały, ponieważ sam był cudzołożnikiem.

Wyprawiały one sztuczki diabelskiej przebiegłości, a zły król codziennie żył z nimi obydwoma w cudzołóstwie. Niektórzy ludzie jednak opowiedzieli ich historię Janowi Chrzcicielowi w imieniu Filipa, męża Herodiady. Teraz Jan był uważany przez wszystkich za proroka i każdy wychwalał go, gdyż nauczał on ludzi i mówił: „Wydajcie owoce nawrócenia, gdyż każde drzewo, które nie przynosi dobrego owocu, będzie wycięte i w ogień wrzucone". Kiedy Jan usłyszał wieści od Filipa, bardzo się zasmucił nad zgubą Heroda i Herodiady i natychmiast wysłał wiadomość do Heroda, i powiedział mu: „Jan Chrzciciel, syn Zachariasza, napomina cię, o Herodzie, że nie masz prawa poślubić żony twojego brata, gdy on jeszcze żyje". Kiedy Herod usłyszał te słowa, bardzo się przestraszył i zaniepokoił; i wszedł do Herodiady, i rzekł jej: „O Herodiado, co poczniemy? Nadszedł koniec naszego grzesznego związku, gdyż dotarło to do wiadomości Jana Chrzciciela i oto on mnie napomniał. Biada nam, ponieważ nasze grzechy bardzo się wzmogły i doszły do uszu proroków".

Zła kobieta rzekła więc do niego: „Żyj długo, królu! Kim jest Jan, ten, który nosi sierść wielbłądzią, aby przeciwstawiać się i strofować [tak] możnego monarchę jak ty? Z całą pewnością zasługuje, aby ktoś wyciągnął i wyciął mu język". A on jej powiedział: „Co możemy zrobić? Nie możemy dźwigać napomnienia tego wielkiego [proroka]". A ona odpowiedziała mu i rzekła doń: „Wezwij go tutaj, a ja go zabiję i będziemy kontynuować nasz związek w pokoju". I wykonała przed nim sprośne akty i nieprzyzwoite sztuczki, a Szatan wypełnił jego serce przeciw świętemu i sprawiedliwemu człowiekowi Janowi Chrzcicielowi i rozesłał on przeciw niemu żołnierzy, którzy pochwycili go i wtrącili do więzienia.

Następnie Herodiada przywołała go z więzienia przed siebie i rzekła do niego: „Co masz ze mną wspólnego, o cnotliwy człowieku, że chcesz oddzielić mnie od króla? Zaklinam cię na Boga twojego ojca, abyś mi tego więcej nie robił. Mówiąc wprost, jeśli zamilkniesz co do mnie i nie będziesz mnie kolejny raz upominał, uwolnię cię z więzienia i wyświadczę ci wielką przysługę". A święty Jan Chrzciciel powiedział do niej: „Mówię ci, o Herodiado, abyś nie żyła z Herodem, podczas gdy twój mąż Filip jeszcze żyje". Kiedy zła kobieta usłyszała to, zapłonęła gniewem przeciw niemu i rzekła do niego: „Z pewnością umrzesz z mojej ręki i włożę włosy twojej głowy do poduszki, na której będę kładła mą głowę z Herodem, i pogrzebię twoją głowę w miejscu, gdzie się obmywam po tym, jak zażyję uciechy z królem". Wówczas Jan jej odpowiedział: „Pan pozwoli ci zabić mnie, ale mojej głowy nie zobaczysz. Ona zostanie po mnie i będzie ogłaszać twoją nieprawość i wstyd całemu światu. Biada ci z powodu niesprawiedliwego mordu na mnie, ponieważ koniec twój jest bliski". Ona zaś rzekła do jego strażników: „Zabierzcie go i trzymajcie w więzieniu w kajdanach, a jeśli ucieknie, stracicie swe życie". I żołnierze zabrali go, i trzymali go w więzieniu w łańcuchach. A Herodiada próbowała nakłonić króla, aby go zabił, lecz on jej powiedział: „Nie mogę zabić go w ten sposób. Ludzie powstaną przeciw mnie, wygnają mnie i wniosą oskarżenie przeciwko mnie do cesarza, który zabierze mi moje królestwo, tak jak zabrał je mojemu bratu Filipowi". I powiedział jej [jeszcze]: „Wskaż mi lepszy sposób, aby z nim skończyć". A ona mu odpowiedziała: „Powiem ci słowo, i jeśli mnie posłuchasz, będziesz miał możliwość zabicia go". I powiedział do niej: „Powiedz mi to". A ona mu rzekła: „Oto posłowie królewscy są z tobą; wstań i przygotuj im ucztę, na którą zaprosisz wszystkich twoich wyższych urzędników. I także twoje urodziny przypadają w tych dniach. Kiedy ludzie się rozweselą i zaczną być pijani od wina, wyślę moją córkę ubraną w jej najpiękniejsze szaty, a ona zatańczy przed tobą, o królu, ze swą słodką twarzą. Gdy to uczyni, zapytaj ją, mówiąc: «Poproś mnie, o cokolwiek chcesz» i przysięgnij jej na życie imperatora, że dasz jej, czegokolwiek zapragnie. Ona poprosi następnie o głowę Jana, i będziesz miał sposobną chwilę, aby ściąć jego głowę".

Herod został okpiony przez rozumowanie cudzołożnicy i zaczął wypełniać jej pragnienia, gdyż ją kochał z powodu jej piękności i diabelskich sztuczek. W tym samym dniu przygotował on ucztę, a wysłannicy cesarza zasiadali obok niego. Kiedy zaczęli być pijani, przeklęta Uksoriana weszła do sali [przyozdobiona] naszyjnikami ze złota i srebra, pachnidłami i biżuterią wysokiej wartości i przedstawiła się całemu towarzystwu. Tańczyła z diabelską namiętnością, a Szatan wypełnił serce gości złem i zapamiętaniem przez jej nieprawą przebiegłość. Spodobała się wszystkim, a Herod był z niej dumny i powiedział: „Proś mnie, o cokolwiek chcesz, i na życie cesarza Tyberiusza Cezara, dam ci to, nawet jeśli będzie to połowa mojego królestwa i moich majętności". A ona powiedziała tak, jak nauczyła ją matka: „Chcę tu mieć głowę Jana Chrzciciela na misie". Król bardzo posmutniał, lecz ze względu na przysięgę, którą złożył na życie cesarza, przyznał gościom, że byłby niezdolny złamać przyrzeczenie. Dlatego posłał kata, który wszedł do więzienia i tam odciął głowę Jana na misie, dnia drugiego miesiąca września, i przyniósł ją do Heroda, który wręczył ją dziewczynie, a dziewczyna wręczyła ją swej matce. Teraz, kiedy posłańcy króla i kat przyszli do niego, Jan powiedział do swych uczniów: „Oto król posłał swych ludzi, aby ścięli mi głowę. Właśnie wyszli z nieosłoniętymi mieczami w ich rękach i z latarniami, z lampami i z bronią. To, co dzieje się w tej godzinie, wydarzy się w nocy, w której Chrystus zostanie wydany. Jeśli chodzi o mnie, moja głowa zostanie ścięta i pokazana na misie, ale Chrystus zostanie powieszony na krzyżu, aby mógł oczyścić wszystkich przez swoją czystą krew; co się tyczy mnie, ja idę do swego miejsca, lecz biada królowi, który nakazał ściąć mą głowę. Wiele klęsk mu się przydarzy, a lud Izraela zostanie rozproszony z jego powodu. Jeśli chodzi o was, nie bójcie się, ponieważ nikt nie będzie w stanie wyrządzić wam krzywdy". Następnie otworzył swe usta i błogosławił, i wychwalał Boga za Jego niepojęte dary, mówiąc: „Błogosławię Cię i uwielbiam Cię, o niewidzialny Ojcze, o widzialny Synu i o pocieszający Duchu Święty".

UZDROWIENIA

Potem było wesele w Kanie Galilejskiej; zaproszono Jezusa z Jego Matką i Jego braćmi, i przemienił wodę w wino. Wskrzeszał umarłych. Sprawił, że paralitycy chodzili; wyprostował rękę temu, który miał ją uschłą.

List Apostołów, 5

Kobieta, która cierpiała na krwotok dwanaście lat, dotknęła kraju Jego szaty i wyzdrowiała od razu. Gdy zastanawialiśmy się i podziwialiśmy pełen chwały czyn, który zdziałał, rzekł do nas: „Kto Mnie dotknął?" Powiedzieliśmy Mu: „Panie, z powodu ścisku ludzie dotknęli Cię". Odpowiedział i rzekł nam: „Wiem, że moc wyszła ze Mnie". Wówczas stanęła przed Nim ta kobieta, odpowiedziała Mu i rzekła: „Panie, to ja dotknęłam Cię". Odpowiedział i rzekł jej: „Idź, wiara twoja uzdrowiła cię".

Potem głuchym uczynił, że słyszeli, ślepym, że widzieli, wypędzał duchy z tych, których opanowały, trędowatych oczyszczał.

Duch Legion, którego miał pewien człowiek, przy spotkaniu Jezusa zawołał i rzekł: „Zanim nadszedł dzień naszej zguby, przyszedłeś, aby nas wypędzić". Skarcił go [i] rzekł mu Pan Jezus: „Wyjdź z tego człowieka, nie czyniąc mu [nic] złego". Wszedł duch w wieprze i zanurzył je w morzu, gdzie się utopiły. Następnie chodził po morzu; powiały wiatry, a On je skarcił i fale morza się uspokoiły.

Gdy nie mieliśmy denara, my, Jego uczniowie, rzekliśmy Mu: „Co uczynimy z celnikiem?" Odpowiedział i rzekł nam: „Jeden spośród was niech zarzuci wędkę na głębię, niech wyciągnie rybę, a znajdzie w niej denara; dajcie go celnikowi za Mnie i za siebie".

Potem, gdy nie mieliśmy chleba [w dostatecznej ilości, bo] tylko pięć chlebów i dwie ryby, kazał usiąść ludziom – ich liczba sięgała pięciu tysięcy bez dzieci i niewiast – podaliśmy im kawałki chleba, nasycili się i zostało jeszcze; odnieśliśmy dwanaście pełnych koszów ułomków, pytając i mówiąc: „Czym jest tych pięć chlebów? Jest to obraz naszej wiary w odniesieniu do wielkiego chrześcijaństwa, to jest wiary w Ojca, władcę całego świata, w Jezusa Chrystusa, naszego Zbawiciela, w Ducha Świętego Parakleta, w święty Kościół i w odpuszczenie grzechów".

I oto trędowaty, zbliżywszy się do Niego, rzecze: „Jezu, nauczycielu, wędrując z trędowatymi i jedząc z nimi w gospodzie, zaraziłem się trądem także i ja. Jeśli więc chcesz, zostanę oczyszczony". A Pan rzekł do niego: „Chcę, bądź oczyszczony". I natychmiast ustąpił od niego trąd. Pan zaś rzekł do niego: „Odszedłszy, pokaż się kapłanom, a dokonawszy ofiary za oczyszczenie, jak nakazał Mojżesz, nie grzesz więcej".

Papirus Egerton, 2

Tyle cudów dokonał, Żydzi jednak nie chcieli w Niego uwierzyć. Gdy wskrzesił zmarłego, mówili: „To nie był jeszcze umarły; w przeciwnym wypadku, jak On mógł wskrzesić zmarłego?" Jeśli uczynił jakikolwiek inny cud, mówili: „Opętany jest i czyni wszystko przy pomocy Szatana; jest przeciwnikiem wszystkich rzeczy, nie zachowuje szabatu, dużo je i pije, lubi uczty z ludźmi grzesznymi; przyjmuje niewiasty do grona uczniów, jest przyjacielem nierządnic i złodziei". Takie i podobne rzeczy mówili przeciwko niemu. Jezus jednak odpowiadał wszystkim, co następuje: „Jeżeli Ja czynię cuda przy pomocy Szatana, to czyńcie je sami z samych siebie. Jan nic nie je i nie pije, i mówicie, że jest

Ewangelia gruzińska, 15–16

Szatanem, dlatego że on nic nie je i nie pije, ja zaś piję i jem, a nazywacie Mnie obżercą i pijakiem. Przyszedłem po to, aby powołać grzeszników, a nie sprawiedliwych".

We wsi Betania mieszkały dwie siostry, Maria i Marta, które Jezus bardzo kochał. Miały one brata Łazarza, również umiłowanego przez Jezusa. Pewnego dnia Łazarz zachorował. Siostry jego posłały po Jezusa człowieka, aby mu powiedział: „Twój Łazarz zachorował, przyjdź go uleczyć". Jezus zaś zawiadomił je: „Choroba ta nie jest na śmierć, lecz raczej ku chwale Boskiej". Potem powiedział do swoich uczniów: „Mój drogi Łazarz zasnął – pragnę go obudzić". Uczniowie odrzekli: „Panie, jeśli on zasnął, to się wkrótce obudzi, dlaczego on potrzebuje, abyś Ty go budził?" Jezus mówił o śmierci, oni zaś myśleli o śnie. Wobec tego Jezus powiedział im wyraźnie: „Mój drogi Łazarz umarł; cieszę się, że nie byłem tam; teraz pójdę go wskrzesić, abyście uwierzyli". Na to odpowiedzieli mu uczniowie: „Gdy byłeś tam, szukali Cię Żydzi, aby Cię ukamienować, a teraz Ty znowu chcesz tam powrócić?" Jezus odrzekł: „Jeśli kto chodzi we dnie, nie potknie się". Na to rzekł Tomasz: „Pójdźmy i my, abyśmy z Nim pomarli". Na drugi dzień powiedział Jezus do swych uczniów: „Pójdźmy na mogiłę Łazarza". Gdy Maria usłyszała, że Jezus idzie, wybiegła mu naprzeciw i powiedziała: „Panie, gdybyś tu był przedtem, nie umarłby brat mój". Jezus rzekł: „Zmartwychwstanie brat twój". „Wiem – odrzekła Marta – iż ten, kto umarł, zmartwychwstanie podczas drugiego przyjścia i zmartwychwstania". Jezus odrzekł: „Jam jest zmartwychwstanie i żywot, kto we Mnie wierzy, choćby i umarł, to Ja go wskrzeszę". [Jezus, podniósłszy oczy swe w górę, rzekł]: „Pragnę go wskrzesić, aby ci wszyscy ludzie, którzy są tutaj, ujrzeli to własnymi oczami i uwierzyli, że tyś Mnie posłał na ziemię". To rzekłszy, zawołał: „Łazarzu, wyjdź stąd!" I w tym samym momencie grób się otworzył i wyszedł stamtąd umarły, mając ręce i nogi związane prześcieradłem. Jezus powiedział: „Rozwiążcie mu ręce i nogi i puśćcie go, aby szedł". Gdy Żydzi to zobaczyli, uwierzyli w Niego, a niektórzy udali się do arcykapłanów, aby im to opowiedzieć. Ci naradzili się pomiędzy sobą i rzekli: „Ten człowiek czyni takie wielkie cuda, a jeśli Go tak zostawimy, to będzie czynił jeszcze większe, i przyjdą Frankowie i Grecy, uwierzą w Niego i wezmą w posiadanie nasz kraj, a nas zamkną do więzienia". Wtedy arcykapłan Kajfasz powiedział: „Lepiej, jeśli jeden człowiek umrze, aniżeli cały kraj miałby być zniszczony". Było to proroctwo, gdyż przemawiał on jako arcykapłan, będąc natchniony przez Ducha Świętego. I postanowili oni zabić Jezusa i Łazarza, ponieważ ktokolwiek by spotkał Łazarza, uwierzyłby również w Jezusa. [I mówili dalej]: „A jeśli On zmartwychwstanie i wskrzesi samego siebie, tak jak wskrzesił Łazarza, to wtedy będzie jeszcze gorzej". I z tego powodu nie zabili Go. Jezus jednak czynił jeszcze większe cuda.

JEZUS NAUCZA

Legenda o św. Józefie cieśli, 1–2

Zdarzyło się też pewnego dnia, kiedy nasz dobry Zbawiciel siedział na Górze Oliwnej razem ze swoimi uczniami, że przemówił do nich tymi słowami: „O moi kochani bracia i synowie mojego dobrego Ojca, wy, których On wybrał z tego świata! Wy wiecie, jak wiele razy wam mówiłem:

«Jest konieczne, aby Mnie ukrzyżowano, abym skosztował śmierci za cały świat, abym powstał z martwych, abym wam powierzył zwiastowanie Ewangelii, byście ją głosili na całym świecie, abym sprowadził na was moc z wysoka i napełnił was Duchem Świętym, tak iżbyście przepowiadali wszystkim narodom, mówiąc im: 'Czyńcie pokutę, ponieważ lepszy jest kubek wody w świecie, który ma nadejść, niż [teraz] wszystkie bogactwa tego świata'. I dalej: 'Lepszy jest jeden jedyny krok w domu mojego Ojca niż wszystkie skarby tego świata, jak też lepsza jest jedna jedyna godzina sprawiedliwych, którzy się weselą, niż tysiąc lat grzeszników, którzy płaczą i narzekają, a łzy ich nie będą otarte ani też nikt się o nich nie zatroszczy'».

Teraz więc, o moi zacni członkowie, kiedy pójdziecie, przepowiadajcie im: «Sprawiedliwa jest waga i sprawiedliwa miara, wedle których Ojciec mój was osądzi», jak również: «Każde próżne słowo, jakie wypowiecie, będzie osądzone». Podobnie jak nikt nie będzie mógł oddalić swoją ręką śmierci, tak też nikt nie uchyli się od tych rzeczy, które popełnił, czy to dobrych, czy złych. Ale oprócz tego, co wam powiedziałem, teraz [dodaję]: «Nikt mocny nie zbawi się dzięki swojej mocy ani żaden człowiek nie zbawi się ze względu na obfitość swego bogactwa»".

Ewangelia Tomasza, 1

Rzekł Jezus: „Kto znajdzie znaczenie tych słów, nie zakosztuje śmierci".

Ewangelia Tomasza, 6

Zapytali Go uczniowie Jego: „Czy chcesz, abyśmy pościli? W jaki sposób mamy się modlić, dawać jałmużnę i przestrzegać przepisów dotyczących jedzenia?" Rzekł Jezus: „Nie kłamcie, nie czyńcie tego, czego nienawidzicie. Wszystko jest jawne w obecności nieba. Nie ma bowiem niczego ukrytego, co nie zostanie odkryte, i niczego tajnego, co nie może być ujawnione".

Rzekł Jezus: „Kochaj swego brata jak swą duszę, strzeż go jak źrenicę swego oka". Ewangelia Tomasza, 25

Jeśli dwaj zawrą pokój między sobą w tym samym domu, powiedzą górze: posuń się. I ona się posunie. Ewangelia Tomasza, 47

Błogosławiony człowiek, który cierpiał, znalazł życie. Ewangelia Tomasza, 58

Tego dnia, ujrzawszy, jak ktoś pracował w szabat, rzekł doń: „Człowieku, jeśli wiesz, co czynisz – jesteś błogosławiony, jeśli zaś nie wiesz – jesteś przeklęty i przestępcą Prawa" (por. Łk 6,5). Codex Bezae (VI w.)

Pamiętajmy przede wszystkim o słowach Pana Jezusa, w których nauczał wyrozumienia i cierpliwości. Tak bowiem mówił: Klemens Rzymski (koniec I w.), List do Koryntian, 13,2

Bądźcie miłosierni, abyście dostąpili miłosierdzia.
Odpuszczajcie, aby wam odpuszczono.
Jak drugim czynicie, tak i wam czynić będą.
Jak dajecie, tak i wam zostanie dane.
Jakim sądem sądzicie, takim i was osądzą.
Jaką dobroć innym okazujecie, taką i wam okażą.
Jaką miarą mierzycie, taką samą i wam odmierzą.

Mówi bowiem Pan: „Będziecie niby jagnięta wśród wilków". A Piotr Mu na to: „Jeśli więc wilki rozszarpią jagnięta?" Rzekł Jezus Piotrowi: „Jagnięta po swojej śmierci nie potrzebują bać się wilków. I wy nie bójcie się tych, którzy was zabijają i nic wam więcej uczynić nie mogą, lecz bójcie się Tego, który po waszej śmierci ma władzę nad waszą duszą i ciałem i może wrzucić je w piekło ogniste". Pseudo-Klemens Rzymski (II/III w.), II List do Koryntian 5,2-4 św. Ireneusz, Adversus haereses, 5,33,3; Hipolit Rzymski, Commentarius in Danielem, 4,60

W ten sposób wspominają prezbiterzy, którzy jeszcze widzieli Jana, ucznia Pańskiego, że słyszeli od niego, co w owych czasach pouczał Pan, mówiąc: „Nadejdą dni, w których zrodzą się winne latorośle, z których każda będzie miała dziesięć tysięcy gałęzi, a na każdej gałęzi po dziesięć tysięcy gałązek, a na każdej gałązce po dziesięć tysięcy odrośli, a na każdej odrośli po dziesięć tysięcy gron, a w każdym gronie po dziesięć tysięcy owoców, a każdy owoc przyniesie – gdy się go wyciśnie – dwadzieścia pięć miar wina. I gdy ktoś ze świętych będzie chciał zerwać jedno z tych gron, drugie będzie wołało: „Jestem lepszym gronem, zerwij mnie i przeze mnie chwal Pana!" Podobnie i ziarno pszenicy zrodzi dziesięć tysięcy kłosów, a każdy kłos zawierać będzie dziesięć tysięcy ziaren, a każde ziarno da dziesięć funtów pszennej mąki jasnej i czystej. Inne natomiast [rośliny] rodzić będą owoce, ziarna i zioła wedle miary, jaka im odpowiada. Wszystkie zwierzęta będą przyjmowały pokarmy, które rodzi ziemia, i będą żyły w zgodzie i pokoju, a ludziom będą posłuszne z całym oddaniem".

Gdy Pan mówił do uczniów o przyszłym królestwie świętych, jakie ono będzie chwalebne i zdumiewające, Judasz, zachwycony tym, co zostało powiedziane, rzekł: „A któż to będzie mógł zobaczyć?" Rzekł Pan: „To ujrzą ci, którzy będą godni".

Makary Egipski, Homiliae, 12,17

A zresztą powiedział im Pan: „Czemu dziwicie się znakom? Dałem wam wielkie dziedzictwo, jakiego cały świat nie posiada".

Agrafa Jezusa w pismach Al Gazela

Rzekł Jezus (niech Go Bóg pozdrowi!): „Jak liczne są drzewa, ale nie wszystkie przynoszą owoc! Jak liczne są owoce, ale nie wszystkie są dobre! Jak liczne nauki, ale nie wszystkie są pożyteczne!

Nie wieszajcie pereł na szyjach wieprzy, mądrość bowiem lepsza jest od perły, a kto nią gardzi, gorszy jest od wieprzów. Jakże możesz zaliczyć do grona mędrców tego, który idąc drogą zmierzającą do życia przyszłego, kieruje swe kroki ku życiu tego świata. I jakże możesz zaliczyć pomiędzy mędrców tego, który szuka słowa Bożego, aby go innym zwiastować, a nie aby je wypełniać czynem?" [...]

Rzekł Mesjasz (niech Go Bóg pozdrowi!): „O, zgromadzenie apostołów! Jak wiele świateł wiatr zgasi! Jak wiele sług Bożych zepsuła próżność!"

Jezus, nad którym niech spocznie pokój, powiedział: „Świat jest mostem. Przechodźcie przez niego, ale nie zatrzymujcie się na nim, aby zamieszkać".

Anonim, kodeks znaleziony w meczecie Pathpur Siri, XVI w.

DROGA DO JEROZOLIMY

Jezus udał się do Jerozolimy, zaś Łazarz i wielu szło za Nim. Na drodze tej siedzieli ślepi i żebracy. Gdy usłyszeli, że idzie Jezus, poczęli wołać wielkim głosem: „Jezusie, Synu Dawida, zmiłuj się nad nami!" Jezus zapytał: „Co chcecie, abym wam uczynił?" Oni odpowiedzieli: „Otwórz nam oczy!" Jezus na to: „Jak uwierzyliście, tak też niech będzie z wami", a w tej samej chwili otworzył im oczy.

Ewangelia gruzińska, 17–21

Przy tej samej drodze siedział celnik imieniem Zacheusz, który był małego wzrostu; gdy ujrzał tylu ludzi, zapytał: „Co tu się dzieje?", na co oni odrzekli: „Jezus Nazarejczyk idzie". Pragnął on bardzo zobaczyć Jezusa, ale nie udało mu się to z powodu wielkiego tłumu. Przy drodze rosło drzewo figowe, wdrapał się więc [na to drzewo], aby Go lepiej zobaczyć. Gdy

Jezus doszedł do tego miejsca, zawołał do Zacheusza: „Zstąp z drzewa, Zacheuszu, jestem dzisiaj gościem w domu twoim". Gdy Zacheusz zaprosił go, [Jezus] powiedział: „Dziś zbawienie stało się temu domowi, aby i on nie zginął; wszak i oni są dziećmi Abrahama" – i wybaczył grzechy temu domowi.

Gdy Jezus wszedł do tego domu, posłał dwóch uczniów, Piotra i Jana, do wsi, która była naprzeciwko, i powiedział im: „Idźcie do tej wsi, a znajdziecie tam oślę przywiązane i strzeżone przez człowieka; odwiążcie je i przywiedźcie do Mnie. Jeśli zaś ktoś zapyta was, dokąd je prowadzicie, powiedzcie, że do właściciela, a nikt nie będzie wam czynił przeszkód". Poszli oni tedy i przywiedli oślę, i narzucili nań swe szaty. Jezus usiadł na oślę, uczniowie zaś szli naprzód; a gdy już byli blisko miasta, z Góry Oliwnej ruszyły tłumy do nich; niektórzy rozciągali szaty swe [na drodze], inni zaś trzymali gałęzie palm. Gdy uczniowie ujrzeli to, ucieszyli się bardzo z hołdu okazywanego ich nauczycielowi i poczęli z radością chwalić Boga, mówiąc wraz z dziećmi i ludem: „Hosanna, Hosanna, błogosławiony jest Pan". Słowa te bardzo dotknęły żydowskich kapłanów, którzy powiedzieli do Jezusa: „Nauczycielu, wyłaj uczniów Twoich! Dlaczego oni Cię chwalą jak Boga?" Jezus odrzekł: „Jeśli oni zamilczą, to kamienie wołać będą", co też natychmiast się stało. Jezus wszedł do świątyni i wyrzucił stąd wszystkich handlarzy, którzy tam handlowali, mówiąc: „Ten dom jest domem modlitwy, a nie domem handlu". Potem wyleczył tam wielu kulawych, paralityków i ślepych.

[Gdy] Jezus wyszedł ze świątyni, wstąpił do domu Gamaliela; dom ten tak zapełnił się ludem, że nikt już nie mógł wejść. Czterech ludzi przyniosło paralityka na dywanie, chcąc dostać się do Jezusa przez drzwi, ale nie mogli. Wtedy weszli na dach, zdarli go i stamtąd spuścili chorego na dywanie przed Jezusem. Jezus rzekł do paralityka: „Niech będą ci odpuszczone grzechy twoje", i dodał: „On też jest przecież człowiekiem". Potem obecni zapytali Jezusa: „Panie, co jest łatwiej: odpuścić mu grzechy czy uzdrowić go?" Wtedy Jezus powiedział do paralityka: „Wstań, weźmij dywan twój i idź do domu twego!" I w tej samej chwili on wstał, wziął dywan na plecy [i wyszedł], a wszyscy się dziwili.

LIST ABGARA

W tym samym czasie przybył do Jezusa poseł króla ormiańskiego, pokłonił się mu i oddał list królewski. Jezus dał ten list Janowi do przeczytania. W liście napisane było, co następuje: „Ja Abgar, król ormiański, jestem niewolnikiem Jezusa. Jeżeli wszyscy wierzą w Ciebie, ponieważ Cię widzieli, to ja, mimo iż Cię nie widziałem, uwierzyłem, że Ty jesteś Synem Bożym i zstąpiłeś z nieba, aby zbawić straconego człowieka. Ja także jestem stracony fizycznie; jeśli będziesz chciał, to przyjdź do mego kraju i ulecz mnie. Nie rozkazuję Ci mocą władzy królewskiej, lecz proszę o to. Jako podarunek przesyłam Ci szatę, która nie jest uszyta igłą". Jezus odparł: „Ja nie mogę tam pójść, ponieważ zamierzam iść do mego Ojca. Po wniebowstąpieniu zaś wyślę do Abgara ucznia mego, Tadeusza, który wyleczy go i pobłogosławi króla oraz jego królestwo". Gdy poseł ujrzał Jezusa, nie miał już chęci odejść od Niego; przywołał więc malarza i kazał mu malować wizerunek Jezusa [dla króla]. Malarz zaczął malować na papierze oblicze Jezusa. Namalował Go najpierw jako mężczyznę w sile wieku, lecz Jezus ukazał mu się w postaci starca. Wtedy malarz przekreślił [obraz] i namalował Go jako starca, ale wówczas Jezus ukazał mu się z siwą brodą. Malarz więc bardzo się zdziwił. Jezus zapytał go: „Dlaczego jesteś zdziwiony?" Malarz odrzekł: „Panie, pragnę namalować oblicze Twoje dla naszego króla – i nie mogę". Jezus zapytał: „Dlaczego [Mnie] malujesz?", na co malarz odparł: „Król nasz bardzo pragnie Cię zobaczyć. Wydał nam bowiem rozkaz: jeżeli nie przyjdzie sam, to namalujcie Go i przynieście mi Jego obraz, a ja przez to samo już wyzdrowieję". Po raz drugi usłyszał Jezus o wierze Abgara. Wtedy Jezus wziął chustkę lnianą i przyłożył ją do swej twarzy, a wówczas na chuście odbiło się oblicze Jezusa takie, jakim było w rzeczywistości. Jezus wręczył tę chustę posłowi i powiedział: „Weźmijcie ten obraz dla Abgara ode Mnie wraz z moją modlitwą i błogosławieństwem. Zostanie on wybawiony trzy razy. Najpierw przez ten obraz, potem przez Tadeusza i po raz trzeci przez chrzest". Posłowie skłonili się Mu, wzięli obraz i poszli. Przy Bożej pomocy przebyli długą drogę [powrotną] i na piąty dzień przybyli do Urhaju, gdzie znajdowała się siedziba króla Abgara. Wyszli oni z Jerozolimy w poniedziałek po Niedzieli Palmowej, znaleźli się zaś w swym ojczystym kraju w Wielki Piątek. Gdy w piątek dochodzili oni do miasta, ujrzeli, że było ono oblężone przez wrogów i dlatego nie weszli do środka: bali się bowiem, że wróg może ich zabić lub uwięzić, zaś obraz zrabować. Ukryli oni ten obraz w polu w pewnej wyschniętej studni, sami zaś inną okrężną drogą dotarli do miasta. Tejże samej nocy nieprzyjaciel uciekł, na drugi dzień zaś rano posłowie stawili się do króla i powiedzieli doń: „On sam nie przyszedł z nami, ale ofiarował nam swój wizerunek, który ukryliśmy w studni, gdyż lękaliśmy się o niego". Król po tych słowach uradował się bardzo i rozkazał, aby wszyscy, zarówno mężczyźni, jak niewiasty i dzieci, udali się z zapalonymi świecami do studni, i sam szedł również z całym ludem, trzymając zapaloną świecę. Z wielkimi honorami przynieśli oni ten obraz do miasta i złożyli go tam aż do czasu, gdy przyszedł apostoł Tadeusz.

FARYZEUSZ SZYMON

W poniedziałek po niedzieli palm szedł Jezus drogą i zobaczył drzewo figowe, a ponieważ był głodny, podszedł do drzewa, lecz nie znalazłszy na nim owocu, przeklął je, mówiąc: „Od dnia dzisiejszego niech nikt nie je z ciebie owocu!" Słyszeli to uczniowie jego i po krótkim czasie, gdy wracali tą samą drogą, ujrzeli to drzewo uschnięte, zdziwili się więc, Piotr zaś powiedział do Jezusa: „Panie, oto drzewo, które przekląłeś, uschło". Jezus odrzekł: „Jeślibyście mieli choć trochę wiary, a gdybyście rzekli górze: wstań i zmień położenie albo rzuć się w morze – stanie się".

Gdy Jezus to mówił, przyszedł pewien faryzeusz imieniem Szymon i zaprosił Jezusa do siebie na obiad. Jezus przyszedł do niego wraz ze swymi uczniami. W miejscowości tej mieszkała pewna niewiasta bardzo złego prowadzenia się, która gdy usłyszała, że Jezus znajduje się w domu Szymona, weszła i padłszy mu [Jezusowi] do stóp, poczęła całować jego nogi i płakać tak gorzko, że oblała je łzami i wytarła swymi włosami. Przyniosła ona ze sobą naczynie alabastrowe, pełne drogiego olejku, który wylała na głowę Jezusa, od czego dom cały napełnił się wonnością. Nie podobało się to gospodarzowi domu tego, gdyż w sercu swoim gardził on Jezusem. Rzekł więc sam w sobie, że jeśli On jest człowiekiem świętym i prorokiem, to musi wiedzieć, jaka to niewiasta ucałowała jego nogi. Jezus zrozumiał jego myśli i rzekł: „Szymonie, chcę ci powiedzieć jedno słowo". Szymon rzekł: „Powiedz, Panie". Na to Jezus: „Pewien człowiek miał dwóch dłużników; jeden miał mu zapłacić sto, drugi zaś – pięćdziesiąt drachm; ponieważ jednak żaden z nich nie miał pieniędzy, on im ten dług darował. Który więc będzie go bardziej miłował?" Szymon odrzekł: „Ten, komu więcej darował". Jezus powiedział: „Prawdę rzekłeś. Przyszedłem do domu twego, a nie dałeś mi wody, aby umyć nogi, ta niewiasta zaś łzami swymi nogi mi obmyła; tyś mnie ani razu nie pocałował, ona zaś od chwili, gdy weszła, nie przestaje całować nóg; ty nie otarłeś mi nóg nawet ręcznikiem, a ona je otarła własnymi włosami; ty nie namaściłeś Mnie nawet gorszym olejkiem, ona zaś bardzo drogim olejkiem nogi Mi pomazała. Dlatego mówię do tej niewiasty: «Niech będą jej grzechy odpuszczone»". Ale Judasz także był niezadowolony, mówiąc: „Czyż nie szkoda takim drogim olejkiem go namaszczać i czyż nie lepiej byłoby sprzedać ten olejek, a pieniądze rozdać ubogim?" Był bowiem bardzo chciwy i pieniądze te chciał mieć dla siebie, a nie dla ubogich.

W środę zebrali się Żydzi w domu Kajfasza na naradę [mówiąc]: „Jak myślicie, czy cała ziemia uwierzyła już w Jezusa? Dotychczas bowiem występował On i czynił cuda na wsi i potajemnie, a teraz już czyni je w mieście i jawnie; to nasza słabość, żeśmy Go dotąd nie zabili. Cóż tedy mamy uczynić?" I mówili jeszcze dalej: „Jeśli nie możemy jawnie zatrzymać Go i zabić, gdyż lud może się o tym dowiedzieć i ukamienować nas, to musimy zatrzymać Go w zasadzce i w nocy, kiedy będzie spał; lecz na drugi dzień lud zobaczy Go uwięzionego, a wtedy nic już nie zrobimy". Po czym wysłali swoich szpiegów, ale ci nie mogli znaleźć miejsca [gdzie Jezus spał].

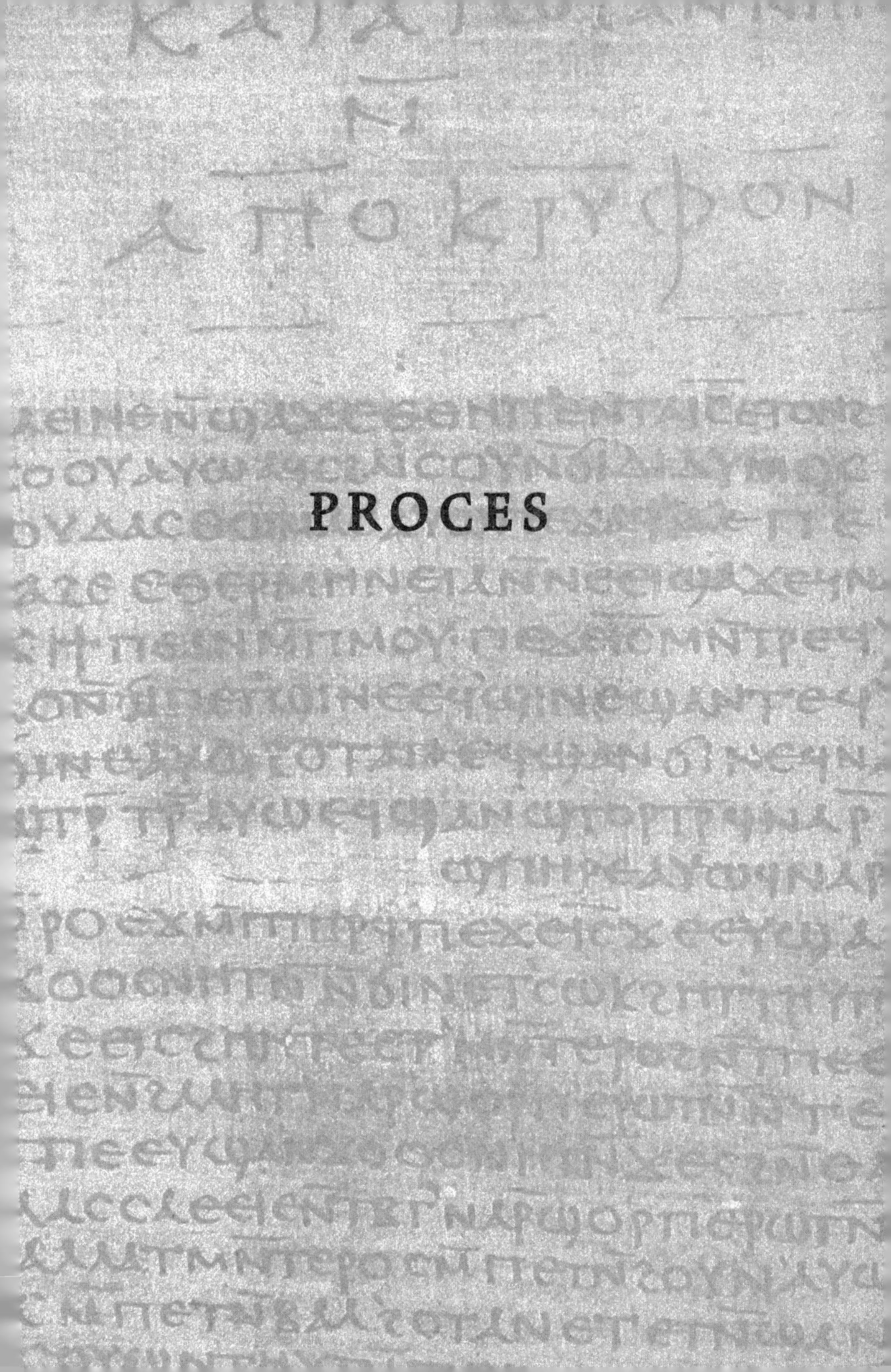

PROCES

POJMANIE

A Jezus został ujęty wieczorem na trzy dni przed Paschą. Ale dla Kajfasza i ludu żydowskiego nie była to Pascha – był to dla nich dzień wielkiego smutku z powodu kradzieży dokonanej w świątyni. Zawołali więc Judasza Iszkariotę i rozmawiali z nim, ponieważ był on synem brata kapłana Kajfasza. Nie był on szczerym uczniem Jezusa, ale cały lud zachęcał go do podstępu, aby towarzyszył Jezusowi nie dlatego, aby się przekonać o znakach przezeń dokonanych, ani żeby go wyznawać, ale aby im Go wydał, starając się uchwycić Go na fałszywym słowie, a jako zapłatę za dobre wypełnienie tego czynu dawano mu dziennie złotą didrachmę. Upłynęły już dwa lata, jak przebywał przy Jezusie, jak twierdzi jeden z uczniów imieniem Jan.

Opowiadanie Józefa z Arymatei, 3–4

Trzeciego dnia przed uwięzieniem Jezusa rzekł Judasz do Żydów: „Nuże, podajmy pretekst, że zaiste nie złodziej ukradł księgi Prawa, ale sam Jezus – a ja wam dostarczę dowodów na to!" Gdy te słowa zostały wypowiedziane, oto przyszedł do nas Nikodem, w którego pieczy znajdowały się klucze świątyni, i powiedział do nas wszystkich: „Nie czyńcie podobnej rzeczy!" – był bowiem Nikodem najuczciwszy pośród całego ludu żydowskiego. Ale córka Kajfasza imieniem Sara poczęła krzyczeć tymi słowy: „On mówił przecież wobec wszystkich przeciw temu oto świętemu miejscu: «Mogę zburzyć ten przybytek i w ciągu trzech dni go odbudować»". Rzekli do niej Żydzi: „Znalazłaś wiarę u nas wszystkich" – mieli ją bowiem za prorokinię. I pod tym pretekstem Jezus został uwięziony.

Ewangelia gruzińska, 22

Jezus znajdował się w ogrodzie i nauczał swych uczniów, potem zaś odszedł nieco od tego miejsca i począł rozmyślać o śmierci, a krwawy pot spływał po Nim. Wówczas nadszedł Judasz z wieloma Żydami. Jezus zapytał ich: „Kogo szukacie?" Oni zaś odrzekli: „Jezusa Nazarejczyka". „To Ja jestem" – odpowiedział Jezus i w tej samej chwili wszyscy oni padli na ziemię (zrozum, że jeśliby chciał, to mógłby natychmiast uciec od nich). Jezus tchnął na nich i Żydzi powstali. Wtedy odezwał się do niego Judasz: „Bądź pozdrowiony, Nauczycielu!" i ucałował Go w kolano. Jezus odrzekł: „Więc zdradzasz mnie pocałunkiem?", potem słudzy rzucili się na Niego i schwycili Go. Piotr jednak, pobudzony gorącą miłością, wydobył kord i uderzywszy jednego ze sług, odciął mu ucho. Jezus rzekł do Piotra: „Odłóż kord na miejsce. Gdybym chciał się wybawić, to mógłbym przywołać dwanaście legionów aniołów i tych tu wszystkich pozabijać, lecz pragnę umrzeć dobrowolnie, aby zbawić świat i spełnić to, o czym mówią księgi proroków". Wtedy przyłożył słudze ucięte ucho na miejsce i uzdrowił go. [Żydzi] rzucili się nań i pojmali Go, uczniowie zaś uciekli.

SĄD ARCYKAPŁANA

Ewangelia gruzińska, 23

[Wtedy Żydzi] z wielkim naigrawaniem prowadzili Go do arcykapłana, a gdy ten mówił do Niego, Jezus odpowiadał mu w sposób łagodny. Ale ten, któremu Jezus przed chwilą uleczył ucho, wymierzył mu pierwszy policzek, jakby przez wdzięczność [za to]. Był to ten sam człowiek, który w ciągu trzydziestu ośmiu lat był sparaliżowany, a którego Jezus uzdrowił w świątyni, mówiąc doń: „Idź i nie grzesz więcej!” – i oto on pierwszy właśnie spoliczkował Jezusa. A jeśli ten, któremu Jezus wyświadczył tyle dobrego, postąpił z Nim w taki sposób, to cóż dopiero czynili inni? Jedni bili Go po twarzy, drudzy pluli mu w oczy, inni wyrywali mu włosy z brody, zaś inni jeszcze kopali Go nogami, wołając: „Stworzony przez Boga, Synu Dziewicy Maryi, który pragniesz ponieść męczeństwo za nasze zbawienie!” Najpierw przyprowadzono Jezusa do pałacu Annasza, który był teściem Kajfasza, i gdy arcykapłan zapytał Go, czego On nauczał, Jezus odrzekł: „Nauczałem zawsze jawnie i nic nie mówiłem w tajemnicy; spytaj raczej tych, którzy słyszeli moje nauki”. Po tych słowach jeden ze stojących tam spoliczkował Jezusa, mówiąc: „Czy tak odpowiadasz arcykapłanowi?” Po tych słowach arcykapłan Annasz [Ananiasz] posłał Jezusa związanego do arcykapłana Kajfasza, swego zięcia.

A szli za nim wszyscy kapłani i doktorowie oraz starszyzna, jak mówi apostoł Marek, poszukując fałszywych świadków przeciwko Jezusowi, lecz nie znaleźli ich. Wielu bowiem fałszywie przeciwko Niemu świadczyło, lecz świadectwa ich nie były zgodne pomiędzy sobą.

Ewangelia gruzińska, 24

Wtedy najwyższy kapłan zapytał Jezusa: „Czy Ty jesteś Synem Boga?” Jezus odpowiedział: „[Jam jest]; ujrzycie Syna Człowieczego przychodzącego z obłokami i siedzącego po prawicy Bożej”. Najwyższy kapłan rozdarł swe szaty i rzekł: „Na co potrzebujemy jeszcze świadectwa? Wszyscy słyszeliśmy bluźnierstwo”. Potem spytał ich: „Jaki wyrok wydacie nań?” Oni zaś jednogłośnie odpowiedzieli: „Jest winien śmierci!" i poczęli plwać na oblicze jego, wywracać Mu odzienie i bić pięściami w głowę, mówiąc: „Odgadnij, kto Cię uderzył?" Żołnierze zaś policzkowali Go, a gdy się naigrali do syta, przywiązali Go do słupa kamiennego i biczowali miotłą cierniową, dopóki całe ciało nie stało się krwawe.

Ewangelia Piotra, 3

[Żydzi] zaś wzięli Pana, popychali Go, biegnąc, i mówili: „Powleczemy Syna Bożego, gdyż mamy Go w naszej mocy". I przyoblekli Go w purpurę, i posadzili Go na tronie sądowym, mówiąc: „Sądź sprawiedliwie, królu Izraela". A ktoś z nich, wziąwszy wieniec z cierni, włożył go na głowę Pana. A jedni z będących tam pluli Mu w twarz, drudzy policzkowali Go, inni jeszcze kłuli Go trzciną, a niektórzy biczowali Go, mówiąc: „Taką czcią uczcijmy Syna Bożego".

WYROK KAJFASZA

Wyrok Kajfasza

[Kajfasz wydał następujący wyrok]: My, Kajfasz, w tym roku przełożony kapłanów królewskiej świątyni oraz pierwszy następca kapłanów kultu hebrajskiego na rok, o Jezusie Nazareńskim, zaaresztowanym i przed nami postawionym, na podstawie prawdziwych świadectw za działalność przeciw Prawu i świątyni oskarżonym – my zaś usłyszeliśmy, że podaje się za Syna Bożego przeciwko naszym kolegiom, z kapłanami, z uczonymi w Piśmie i z przełożonym synagogi – stwierdzamy, że winien jest śmierci, skazujemy [go na nią] i osądzamy, by został wydany naszemu namiestnikowi [działającemu w imieniu] niezwyciężonego cesarza, i prosimy, by bez możności odwołania został na śmierć skazany.

Dan w atrium naszego zwyczajnego miejsca zamieszkania [*apud censorium tribunal*?], w roku dwunastym Tyberiusza Cesarza, a w pierwszym roku naszego pontyfikatu.

ŚMIERĆ JUDASZA

Ewangelia Nikodema, dodatek 1

Wtedy zaprowadzili Jezusa od Kajfasza do namiestnika Piłata, który był Rzymianinem. Był to poranek dnia Przygotowania. I ujrzał Judasz, jak prowadzą Jezusa przed Piłata, i zdjął go lęk z powodu jego szpetnej zdrady, i przejęty wyrzutami sumienia zapragnął zwrócić trzydzieści srebrników arcykapłanom i starszym Żydów [...]. Ale łotrzy i oskarżyciele, wiedząc, co zamierza uczynić Judasz, rzekli z pogardą jednym głosem, a wraz z nimi cały tłum: „Zdrajco, bezbożniku, niewierny niewdzięczniku, sprzedałeś i zamordowałeś swego nauczyciela, który ci obmył stopy. Ty, który miałeś Jego trzos, wydawałeś z niego według swojej woli i dawałeś swej żonie, i ukrywałeś, co chciałeś, wziąłeś na siebie całą winę za Jego ukrzyżowanie".

On wstrząśnięty, nie mogąc znieść obelg, pogardzany i lżony przez wszystkich, udał się do świątyni i znalazłszy tam arcykapłanów, uczonych w Piśmie i faryzeuszy, rzekł: „Zgrzeszyłem, wydając krew niewinną, wyznaję szczerze, że źle uczyniłem. Weźcie więc pieniądze, które daliście mi za to, że wydałem wam Jezusa na śmierć". Oni rzekli: „Co masz do nas? Ty bacz!" A gdy Żydzi nie chcieli przyjąć pieniędzy, rzucił je pośrodku nich i uciekł.

I wrócił do swego domu, aby przygotować sobie pleciony stryczek, by się powiesić. I zastał żonę, jak siedziała i na węglach piekła koguta na rożnie, aby go zjeść. I mówi do niej: „Powstań, niewiasto, przygotuj mi sznur, chcę się powiesić, bo na to zasługuję". Rzekła jego żona: „Co za słowa wygadujesz?" Rzekł jej Judasz: „Wiedz więc prawdę: niesprawiedliwie wydałem łotrom mojego mistrza, Jezusa, aby Piłat wydał Go na śmierć. On jednak zmartwychwstanie trzeciego dnia, a wtedy biada nam!" Rzecze mu na to jego żona: „Nie mów tego, ani nawet tak nie myśl. Tak jak ten kogut pieczony na węglach nie może wydać głosu, tak i Jezus nie zmartwychwstanie, jak mówisz". I natychmiast, skoro tylko wyrzekła te słowa, kogut ów rozpostarł swe skrzydła i trzykroć zapiał. To jeszcze bardziej przekonało Judasza i natychmiast wykonał pleciony stryczek, powiesił się i tak oddał ducha.

JEZUS PRZED PIŁATEM

Ewangelia Nikodema, 1-2

Annasz i Kajfasz, Somas, Datan, Gamaliel, Judasz, Lewi, Nafatalim, Aleksander i Syrus, i pozostali spośród Żydów przybyli do Piłata, oskarżając Jezusa o wiele złych rzeczy, i mówili: „Wiemy, że ten jest synem cieśli, zrodzonym z Maryi, a twierdził, że jest synem Bożym i królem, a nie tylko to mówił, ale ponadto gwałcił szabat i chciał rozwiązać nasze prawo przekazane nam przez ojców". Rzekł do nich Piłat: „Co On czynił i co chciał rozwiązać?" Mówią mu: „Mamy prawo, że nie godzi się nikogo leczyć w szabat, On zaś kulawych, głuchych, garbatych, sparaliżowanych, ślepych, trędowatych i opętanych leczył przez złe czyny, a wszystkie te rzeczy czynił w szabat". Mówi Piłat: „Przez jakie złe czyny?" Mówią do niego: „Uprawia magię i przez księcia szatanów, Belzebuba, wyrzuca złe duchy, a wszystkie są mu poddane". Rzekł Piłat: „Nie jest sprawą ducha nieczystego wyrzucać złe duchy, ale mocy Bożej".

Mówią Żydzi do Piłata: „Prosimy waszą wysokość, byś kazał Mu stanąć przed waszym trybunałem i abyś Go przesłuchał". Piłat zawołał kursora i rzekł do niego: „Niech Jezus zostanie wprowadzony, ale z zachowaniem umiaru!" Wyszedł więc kursor, poznał Go i oddał Mu cześć, i rozciągnął na ziemi chustę, którą trzymał w swoim ręku. I rzekł: „Panie, przejdź przez to i wejdź, bo namiestnik Cię woła". Gdy jednak Żydzi zobaczyli, co uczynił kursor, zawołali do Piłata i rzekli: „Dlaczego nie kazał Mu wejść przez zawołanie woźnego, ale przez kursora. Kursor bowiem, skoro Go ujrzał, oddał Mu cześć i rozciągnął przed Nim chustę, którą trzymał w ręce, i rzekł: «Panie, woła Cię namiestnik»". Piłat zawołał kursora i rzekł do niego: „Dlaczego to uczyniłeś?" Rzekł do niego kursor: „Kiedy posłałeś mnie do Jerozolimy, do Aleksandra, ujrzałem Jezusa siedzącego na ośle, a dzieci żydowskie wołały: «Hosanna, synowi Dawida», i trzymały w swych rękach gałęzie. Inne zaś słały szaty i wołały: «Zbaw Ty, który jesteś na wysokościach, błogosławiony, który przybywa w imię Pańskie»". Zakrzyknęli Żydzi i mówili przeciw kursorowi: „Przecież dzieci żydowskie wołały po hebrajsku. Skądże więc ty, Grek, rozumiesz po hebrajsku?" Rzekł kursor: „Zapytałem któregoś z Żydów i rzekłem: «Co znaczy to, co wołały po hebrajsku?» A on mi wyjaśnił". Rzekł doń Piłat: „Jak oni wołali po hebrajsku?" Powiedzieli mu: „Hosanna". [Mówi Piłat]: „Jak to można przetłumaczyć?" Mówią: „O Panie, spraw, że będziemy zbawieni" lub „O Panie, zbaw przeto". Powiedział Piłat: „Wy potwierdzacie słowa wypowiedziane przez dzieci. W czym więc zawinił kursor?" A oni zamilkli. Rzekł namiestnik do kursora: „Wyjdź i w jakikolwiek [sposób] wprowadź Go!" Wyszedł więc kursor i uczynił jak poprzednio, i rzekł do Jezusa: „Wejdź, Panie, woła Cię namiestnik".

CUD PODCZAS PROCESU

Ewangelia Nikodema, 1-9

Wszedł więc Jezus i [na Jego wejście] wygięły się szczyty znaków, które trzymali chorążowie, i oddały cześć Jezusowi. Gdy Żydzi zobaczyli, jak szczyty znaków zgięły się i oddały cześć Jezusowi, głośno zawołali przeciw chorążym. Na to Piłat rzekł do Żydów: „Czy nie dziwicie się, że szczyty znaków zgięły się same z siebie i oddały cześć Jezusowi, lecz krzyczycie na chorążych, jakoby oni sami zgięli znaki i oddali [mu] cześć". Mówią Żydzi do Piłata: „My widzieliśmy, jak chorążowie schylili znaki i oddali cześć Jezusowi". Piłat zawołało do chorążych i rzekł do nich: „Dlaczego to uczyniliście?" Oni rzekli do Piłata: „My jesteśmy poganami, sługami świątyni, jakże więc moglibyśmy oddawać Mu cześć. My trzymaliśmy znaki, a one się zgięły i oddały Mu cześć". Rzekł Piłat do przełożonych synagogi i do starszych ich ludu: „Wybierzcie bardzo silnych mężów i niech oni ujmą znaki, a zobaczymy, czy one zegną się same z siebie". Wzięli więc starsi ludu dwunastu najsilniejszych mężów i po sześciu kazali im ująć znaki, i oni stanęli przed namiestnikiem. Rzekł Piłat do kursora: „Wyprowadź Jezusa poza pretorium i wprowadź Go znów, w jakikolwiek chcesz sposób".

I wyszedł Jezus z kursorem poza pretorium. I przywołał Piłat tych, którzy najpierw trzymali znaki, zaprzysięgając ich na zbawienie cesarza: „Jeśli nie zegną się znaki na jego wejście, poucinam wam głowy". I nakazał namiestnik wejść Jezusowi po raz drugi. I kursor uczynił to w taki sam sposób jak uprzednio, i gorąco prosił Jezusa, aby wstąpił na jego chustę i szedł po niej. A gdy On wchodził, zgięły się znaki i oddały cześć Jezusowi.

Gdy Piłat to ujrzał, ogarnął go lęk, i powstał ze swego tronu. Gdy więc on zamierzał powstać ze swego tronu, jego żona imieniem Prokula posłała po niego i rzekła: „Nie miej nic do czynienia z tym człowiekiem sprawiedliwym: wiele bowiem wycierpiałam z Jego powodu tej nocy". Odpowiedzieli Żydzi Jezusowi i rzekli: „Czy nie mówiliśmy tobie, że On sprawia czary. Oto On zesłał sen na twoją żonę". Na to Piłat przywołał Jezusa i rzekł do Niego: „Czy słyszysz, co oni przeciw Tobie świadczą? A Ty nic nie mówisz?" Odpowiedział Jezus: „Jeśliby nie mieli mocy, nie mówiliby: każdy bowiem ma moc ustami swoimi mówić rzeczy dobre i złe. Niech więc oni baczą!"

ZARZUTY PRZECIW JEZUSOWI

W odpowiedzi starsi z Żydów rzekli do Jezusa: „Na co mamy baczyć? Po pierwsze – narodziłeś się z cudzołóstwa, po drugie – narodziny twoje miały miejsce w Betlejem i z twojego powodu dokonano rzezi dzieci, po trzecie – ojciec twój i matka uciekli do Egiptu, ponieważ nie ufali ludowi". Na to powiedzieli niektórzy ze stojących wokół, dobrze do Niego nastawieni: „My nie mówmy, że On narodził się z cudzołóstwa, bo wiemy, że Maryja była poślubiona Józefowi, nie narodził się więc z cudzołóstwa". Rzekł więc Piłat do Żydów, którzy mówili, że zrodził się On z cudzołóstwa: „Ta wasza mowa nie jest prawdziwa, bo nastąpiły zaślubiny, jak mówią ci, którzy są z waszego ludu". Mówią do Piłata Annasz i Kajfasz: „Cały tłum woła, że On narodził się z cudzołóstwa i że On czyni czary. Ci natomiast są prozelitami i jego uczniami". Na to przywołał Piłat Annasza i Kajfasza i rzekł do nich: „Co to są prozelici?" Mówią mu: „Ci, którzy mówili, że nie narodził się z cudzołóstwa, są synami pogan, a teraz stali się Żydami". Rzekli Łazarz, Anteriusz, Antoni, Jakub, Zeras, Samuel, Izaak, Finees, Krippus i Agryppa, Amnes i Judasz: „My nie narodziliśmy się prozelitami, lecz urodziliśmy się jako synowie Żydów i mówimy prawdę, bo byliśmy na zaślubinach Maryi". Rzekł Jezus do dwunastu mężów, którzy to twierdzili, i powiedział do nich: „Zaprzysięgam was przez zbawienie Cezara, czy powiedzieliście prawdę, gdy mówiliście, że On nie narodził się z cudzołóstwa?" Mówią do Piłata: „Mamy prawo, które mówi, że nie należy w ogóle przysięgać, bo to jest grzech. Niech oni zaprzysięgną na zbawienie cesarza, że nie jest tak, jak powiedzieliśmy, a będziemy winni śmierci". Powiedział Annasz do Piłata: „Owych dwunastu wierzy, że On nie narodził się z cudzołóstwa [a przecież cały lud woła, że On się narodził z cudzołóstwa] i że czyni czary, i mówi o sobie, że jest synem Bożym i królem, w co my nie wierzymy". Nakazał więc Piłat, aby wyszedł cały lud z wyjątkiem owych dwunastu mężów, którzy twierdzili, że On nie narodził się z cudzołóstwa, i kazał Jezusowi stanąć osobno, i rzekł Piłat: „Dlaczego oni chcą Go zabić?" Mówią do

Piłata: „Oni oburzają się, ponieważ On uzdrawia w szabat". Mówi Piłat: „Za dobre czyny chcą go zabić?" Mówią mu: „Tak, Panie".

Piłat oburzył się, wyszedł z pretorium i rzekł do nich: „Biorę za świadka słońce, że w tym człowieku nie znalazłem nawet jednej winy" (por. J 18,38; 19,4.6). Odrzekli mu Żydzi i powiedzieli do namiestnika: „Jeśliby On nie czynił czarów, nie wydalibyśmy Go tobie". Rzekł do nich Piłat: „Weźcie więc Go i osądźcie według waszego prawa". Mówią Żydzi: „Nam nie wypada kogokolwiek zabijać" (por. J 18,30 n.). Rzekł Piłat do Żydów: „Czy Bóg do was czy do mnie powiedział: «Nie zabijaj»?" Wszedł więc znowu Piłat do pretorium, przywołał samego Jezusa i rzekł do Niego: „Czy Ty jesteś królem żydowskim?". Jezus odpowiedział Piłatowi i rzekł do niego: „Czy sam z siebie to mówisz, czy też inni ci to o Mnie powiedzieli?" Odpowiadając Jezusowi, Piłat rzekł: „Czy ja jestem Żydem? Lud twój i przywódcy kapłanów mnie Ciebie wydali. Cóż uczyniłeś?" Odpowiedział Jezus: „Królestwo moje nie jest z tego świata. Gdyby ono było z tego świata, słudzy moi stawialiby opór i nie zostałbym wydany Żydom. Teraz jednak królestwo moje prawdziwie nie jest stąd". Rzekł Mu Piłat: „Więc Ty jesteś królem?" Odpowiedział Jezus: „Ty mówisz, że Ja jestem królem". I znowu rzekł Jezus do Piłata: „Ja się narodziłem i tu przyszedłem, aby każdy, który jest z prawdy, słuchał mojego głosu". Mówi doń Piłat: „Co to jest prawda?" (por. J 18,33–38). Mówi Jezus: „Prawda pochodzi z nieba". Rzecze Piłat: „Czy na ziemi nie ma prawdy?" Rzecze Jezus do Piłata: „Patrz, jak ten, który na ziemi głosi prawdę, jest sądzony przez tych, którzy posiadają władzę na ziemi".

WĄTPLIWOŚCI PIŁATA

Piłat, pozostawiwszy Jezusa w pretorium, wyszedł do Żydów i rzekł do nich: „Nie znalazłem w Nim nawet jednej winy". Mówią Żydzi: „On powiedział: «Mogę zniszczyć tę świątynię i w trzy dni ją odbuduję»". Rzekł do nich Piłat: „Jaką świątynię?" Mówią Żydzi: „Tę, którą zbudował Salomon; a budował ją przez czterdzieści i sześć lat: on zaś chce ją zburzyć i zbudować w trzy dni". Znowu rzecze do nich Piłat: „Ja jestem niewinny krwi tego człowieka. Wy baczcie!" Mówią Żydzi: „Krew Jego na nas i na synów naszych". Zawołał Piłat starszych ludu, kapłanów i lewitów i rzekł do nich w tajemnicy: „Nie czyńcie tego! Nic z tego, o co Go oskarżacie – to jest o uzdrowienia i o gwałcenie szabatu – nie znalazłem godnego śmierci". Mówią do Piłata kapłani i lewici oraz starsi ludu: „Jeśli ktoś zbluźni przeciw cezarowi, godny jest śmierci. On jednak zbluźnił przeciw Bogu!" Na to namiestnik kazał wyjść wszystkim Żydom, a przywoławszy Jezusa, rzekł do Niego Piłat: „Co mam z Tobą uczynić?" Rzekł Jezus do Piłata: „To, co ci jest dane". Rzecze Piłat: „Jak zostało dane?" Rzecze Jezus: „Już Mojżesz i Prorocy wyprorokowali najpierw o tej męce i o moim zmartwychwstaniu". Gdy to usłyszeli Żydzi, mówią do Piłata: „Co jeszcze chcesz? Czy chcesz usłyszeć jeszcze większe bluźnierstwo?" Mówi Piłat do Żydów: „Jeśli ta mowa zawiera bluźnierstwa, weźcie Go, zaprowadźcie do waszej synagogi i osądźcie wedle swego Prawa". Mówią Żydzi do Piłata: „W naszym Prawie są zawarte słowa: «Jeśli człowiek zawinił przeciw człowiekowi, godzien jest otrzymać czterdzieści razów bez jednego, jeśli jednak ktoś zbluźni przeciw Bogu, ma zostać ukamienowany»".

Mówi do nich Piłat: „Jeśli ta mowa jest bluźnierstwem, weźcie Go i osądźcie według waszego Prawa”. Mówią Żydzi do Piłata: „My chcemy, aby został ukrzyżowany”. Rzecze Piłat: „Nie jest to rzeczą dobrą”. Namiestnik spojrzał na lud otaczających go Żydów i zobaczył, że wielu spośród Żydów ociera łzy, i rzekł: „Nie cały lud pragnie, aby on umarł”. Mówią starsi ludu do Piłata: „I dlatego przyszliśmy my i cały lud, aby on umarł”. Mówi Piłat do Żydów: „Cóż On uczynił, aby miał umrzeć?” [Mówią Żydzi]: „Bo On zwał się synem Bożym i królem”. Pewien zaś mąż żydowski imieniem Nikodem stanął przed namiestnikiem i rzekł: „Racz mi pozwolić, o miłosierny, powiedzieć parę słów”. Rzekł Piłat: „Mów!” Rzekł Nikodem: „Powiedziałem do starszych ludu, kapłanów i lewitów i do całego ludu Żydów w synagodze: «Czemu wchodzicie w spór z tym człowiekiem? Człowiek ów czynił liczne i chwalebne cuda, jakich dotąd nikt nie uczynił ani nie czyni. Puśćcie Go więc i nie czyńcie Mu nic złego! Jeśli bowiem z Boga są owe czyny, ostaną się, jeśli zaś z ludzi – rozpadną się. Także Mojżesz posłany od Boga do Egiptu czynił cuda, które polecił mu czynić Bóg przed faraonem, królem Egiptu. I byli tam lekarze, którzy leczyli, Jamnes i Mambres, i oni też czynili cuda, które czynił Mojżesz, lecz nie wszystkie, a Egipcjanie uważali ich za bogów. A ponieważ znaki, które oni czynili, nie były z Boga, zginęli i oni, i ci, którzy w nich uwierzyli. Teraz więc dajcie spokój temu człowiekowi, bo nie jest On winny śmierci»”. Mówią Żydzi do Nikodema: „Ty też stałeś się Jego uczniem i dlatego za Nim przemawiasz”. Rzecze do nich Nikodem: „Czy i namiestnik stał się Jego uczniem, skoro i on wstawia się za Nim? Czyż nie powołał go cesarz do owej godności?”

Żydzi więc zgrzytali zębami na Nikodema i mówili do niego: „Weź jego prawdę razem z Nim jako zapłatę!" Rzekł Nikodem: „Amen, przyjmuję, jak rzekliście!" Ktoś inny wyszedł spośród Żydów i prosił namiestnika, aby mógł powiedzieć słowo. Mówi namiestnik: „Powiedz to, co chcesz powiedzieć!" On rzekł: „Trzydzieści osiem lat leżałem na łożu, groziła mi śmierć i codziennie cierpiałem z bólu. Gdy zaś przyszedł Jezus, wielu opętanych i skutych licznymi słabościami zostało przez Niego uleczonych. Kilku młodzieńców przyniosło mnie na łożu i doprowadziło mnie do Niego. A Jezus, ujrzawszy mnie, ulitował się nade mną. I rzekł mi te słowa: «Powstań, weź swoje łoże i idź». I bezzwłocznie zostałem uzdrowiony, wziąłem swoje łoże i chodziłem". Mówią Żydzi do Piłata: „Zapytaj, jaki to był dzień, kiedy go uzdrowił". Rzekł: „Sobota". Mówią Żydzi: „Czyż nie mówiliśmy, że w szabat uzdrawia i wyrzuca Szatana?" Inny jeszcze Żyd wybiegł, mówiąc: „Urodziłem się niewidomym. Głos słyszałem, ale nikogo nie widziałem. Gdy Jezus przechodził, zawołałem wielkim głosem: «Zlituj się nade mną, synu Dawida!» I zlitował się nade mną i położył rękę swoją na moich oczach, i natychmiast przejrzałem". Inny wybiegł i rzekł: „Byłem garbaty, a On swoim słowem mnie wyprostował". Inny jeszcze wybiegł i powiedział: „Byłem trędowaty, a On mnie oczyścił jednym słowem". I pewna kobieta, imieniem Weronika, rzekła: „Krew wypływała ze mnie przez dwanaście lat, i dotknęłam się kraju Jego szaty, i natychmiast ustał wypływ krwi". Mówią Żydzi: „Nasze Prawo nie pozwala nam powoływać kobiety na świadka". I inni jeszcze z tłumu Żydów i kobiet wołali, mówiąc: „Ten człowiek jest prorokiem, bo i szatany są Mu poddane". Rzekł Piłat do tych, którzy mówili: „Szatany są Mu poddane": „Dlaczego waszym uczonym nie są one poddane?" Mówią do Piłata: „Nie wiemy". Inni natomiast mówili, że wskrzesił zmarłego Łazarza po czterodniowym przebywaniu w grobie. Gdy to usłyszał, zadrżał namiestnik i rzekł do tłumu Żydów: „Na co wam się przyda wylewać krew niewinną?"

Piłat znowu przywołał Nikodema i dwunastu mężów, którzy mówili, że On nie urodził się z cudzołóstwa, i rzekł do nich: „Co mam robić, bo lud zaczyna się burzyć?" Mówią do niego: „My nie wiemy. Niech oni baczą". I znowu Piłat przywołał cały tłum Żydów i rzekł do nich: „Wiecie, że jest zwyczaj, że na święto Paschy wypuszcza się jednego skazanego więźnia. Mam w więzieniu znakomitego więźnia, który nazywa się Barabasz. W Jezusie nie znajduję winy zasługującej na śmierć. Którego z nich chcecie, abym wam wypuścił?" Zawołali Żydzi i mówili: „Wypuść nam Barabasza". Rzekł do nich Piłat: „Cóż więc mam uczynić z Jezusem zwanym Chrystusem?" Rzekli wszyscy: „Niech będzie ukrzyżowany!" I znowu zawołali Żydzi: „Jeśli go wypuścisz, nie jesteś przyjacielem cezara, bo przecież Jezus mówił, że jest synem Boga i królem: może więc chcesz, by On królował, a nie cesarz?" Wtedy rozgniewał się Piłat i rzekł do nich: „Plemię wasze zawsze było skłonne do zamieszek. Burzycie się przeciwko temu, który był waszym dobrodziejem". Odpowiedzieli Żydzi: „Kto był naszym dobrodziejem?" Rzekł do nich Piłat: „Bóg wasz, który was uratował od ciężkiego niewolnictwa u Egipcjan i wyprowadził was z Egiptu, i przeprowadził was przez morze jak po suchej ziemi, a na pustyni karmił was manną i przepiórkami, i wyprowadził wam wodę ze skały, i napoił was, i dał wam Prawo, a po tych wszystkich rzeczach rozgniewaliście waszego Boga [i znaleźliście boga w postaci cielca odlanego z metalu]. Rozgniewaliście Boga i chciał was zabić. I błagał za wami Mojżesz, i nie umarliście. A wy mnie teraz oskarżacie, że ja nienawidzę króla!"

Na to powstał Piłat i chciał wyjść z trybunału. Na to zawołali Żydzi i rzekli: „Za władcę uznajemy cesarza, a nie Jezusa. Bo i magowie przynieśli Mu dary jakoby królowi. Herod zaś, usłyszawszy od magów, że narodził się król, chciał Go zabić. Gdy ojciec Jego, Józef, dowiedział się o tym, wziął Go i Jego matkę, i uciekli do Egiptu. Gdy o tym usłyszał Herod, zgładził dzieci żydowskie, które narodziły się w Betlejem". Usłyszawszy o tym, Piłat przeląkł się i nakazawszy milczenie tłumowi, który krzyczał, rzekł: „A więc to jest ten, na którego nastawał Herod?" Mówią mu: „To jest ten". Na to Piłat wziął wody i obmył swoje ręce wobec ludu, mówiąc: „Jestem niewinny krwi tego sprawiedliwego. Wy baczcie!" I odpowiedzieli mu Żydzi, mówiąc: „Krew Jego na nas i na synów naszych!" Wtedy nakazał Piłat przyprowadzić Go przed trybunał, na którym zasiadał, i wydał wyrok przeciw Jezusowi: „Lud twój uznał Cię królem. Dlatego nakazuję Cię najpierw ubiczować wedle ustanowień dawnych książąt". Następnie kazał podnieść Go na krzyż na miejscu, gdzie został zaaresztowany, a z nim dwóch łotrów, których imienia brzmią: Dyzma i Gestas.

WYROK PIŁATA

[Zachowała się] kopia wyroku, który wydał Piłat przeciwko

Wyrok na Jezusa

Panu naszemu, Chrystusowi, odnaleziona w mieście Aquila

w Abruzzach, z roku 1580, pośród jakichś starożytnych marmurów, gdzie znajdowały się dwie kasety: jedna z żelaza, w której znajdowała się karta pergaminu zapisana literami hebrajskimi, która się tłumaczy, jak następuje:

„W roku 17 Tyberiusza, cesarza rzymskiego i niezwyciężonego władcy świata, w czasie 120 olimpiady, w Chiade 24, od stworzenia świata, wedle liczby i ustanowień danych przez Żydów, cztery razy 1147, od rozszerzenia imperium rzymskiego roku 73, od wyzwolenia z niewoli babilońskiej roku 430, od odnowienia świętego cesarstwa rzymskiego roku 497, za konsulatu ludu rzymskiego Lucjusza Pizana i Marcjusza Isauryjczyka, zaś prokonsulem był Inwocjusz Waleriusz, publicznym zarządcą Judei – Kwintus Flawiusz, za rządów i władania miastem Jerozolimą miłościwego władcy Poncjusza Piłata, za rządów w Dolnej Galilei Heroda Antypasa patriarchy, za [rządów] najwyższego kapłana Annasza i Kajfasza, za rządzącego świątynią Izraela Abrahama Ambelirachino, centuriona konsulów rzymskich i miasta Jerozolimy Kwintusa Sublemiusza i Sekstusa Pompiliusza Rufusa, w miesiącu marcu dnia 25,

JA, Poncjusz Piłat, namiestnik Cesarstwa rzymskiego, w pałacu archirezydencji, osądzam, skazuję i wydaję wyrok na Jezusa zwanego Chrystusem, Nazareńczyka, pochodzącego z ludu rodzinnej Galilei, człowieka buntującego przeciw Prawu Mojżeszowemu i przeciw wielkiemu władcy Tyberiuszowi cezarowi. Określam i stwierdzam niniejszym, że ma on umrzeć na krzyżu przybity gwoździami, wedle zwyczaju dotyczącego złoczyńców, bo zgromadził tu licznych ludzi biednych i bogatych i nie ustawał w budzeniu powstania w całej Galilei, czyniąc się Synem Bożym, królem Izraela i grożąc upadkiem

Jerozolimy i świętego Cesarstwa, odmawiając [płacenia] podatku należnego cesarzowi i jeszcze miał na domiar czelność wejść do miasta z palmami i triumfem w towarzystwie tłumu, jako król, do miasta Jerozolimy i do świętej świątyni, gdzie dowodzi mój centurion Kwintus Korneliusz. Niech więc ów Jezus Chrystus zostanie przeprowadzony publicznie przez miasto Jerozolimę, związany i ubiczowany, i odziany w purpurę, i ukoronowany kłującymi cierniami, niosąc na swoich ramionach krzyż, aby stał się przykładem dla wszystkich złoczyńców. Życzę sobie, aby z nim zostali poprowadzeni dwaj złoczyńcy, mordercy. Niech wyjdą przez bramę Giancarola dziś zwaną Antoniana. Niech Jezus zostanie zaprowadzony na publiczną górę złoczyńców zwaną Kalwarią, gdzie po ukrzyżowaniu i śmierci niech ciało pozostanie na krzyżu jako widowisko dla wszystkich złoczyńców. Na krzyżu zaś niech zostanie umieszczony napis w trzech językach: greckim, łacińskim i hebrajskim. Po hebrajsku – *Jesu aloi chasidin*, po grecku – *Jesus Nazareno*, po łacinie – *Jesus Nazarenus, rex Judeoro*.

Nakazuję ponadto, aby nikt nie ośmielił się lekkomyślnie przeszkodzić takiemu wypełnieniu sprawiedliwości przez nas nakazanej, wykonanej i wypełnionej, ze wszystkimi sankcjami wedle dekretów prawa rzymskiego i żydowskiego, pod karą [jaką wymierza się] za bunt przeciw cesarstwu rzymskiemu".

MĘKA

UKRZYŻOWANIE

I wyszedł Jezus z pretorium, a dwóch łotrów razem z Nim. Ewangelia Nikodema, 1-10

Wśród jego uczniów towarzyszył mu tam [na Golgotę] jedynie Jan. Oddalił się jednak stamtąd i pobiegł do Matki Bożej i rzekł do niej: „Dlaczego tu pozostajesz i nie poszłaś, aby zobaczyć, co się stało?" A ona powiedziała: „A co się wydarzyło?" Mówi Jan: „Wiedz, że Żydzi pochwycili mojego nauczyciela i że prowadzą Go, aby Go ukrzyżować". Gdy to usłyszała Matka Boża, zawołała wielkim głosem: „Synu mój, synu mój, cóż złego uczyniłeś, że prowadzą Cię na ukrzyżowanie?" Powstała i jak ogłuszona wybiegła z płaczem na drogę. Towarzyszyły jej niewiasty: Marta, Maria Magdalena, Salome i inne dziewice; był z nimi także i Jan. Gdy weszli w tłum ludzi, mówi Matka Boża do Jana: „Gdzież jest Syn mój?" Mówi Jan: „Widzisz tego, który ma na głowie koronę cierniową i ma związane ręce". Gdy Matka Boża to usłyszała i ujrzała [Jezusa], padła zemdlona na ziemię i leżała tak pewien czas, podczas gdy kobiety stały nad nią wokół i płakały. Gdy wróciła do przytomności, powstała i zawołała wielkim głosem: „Panie mój! Synu mój! Gdzież jest słodka piękność twoich kształtów? Jak zniosę Twój widok, tak cierpiącego?" To powiedziawszy, rwała sobie twarz paznokciami i biła się w piersi. „Gdzie się podziały – wołała – dobrodziejstwa, które uczyniłeś w Judei? Cóż złego uczyniłeś Żydom?" Gdy Żydzi widzieli, jak wołała i zawodziła, przyszli i odpędzali ją z drogi, ale ona nie pozwoliła się usunąć i wołała: „Raczej zabijcie mnie, przewrotni Żydzi".

Ewangelia Nikodema, dodatek, 10.2

Ewangelia Nikodema, 10

A gdy przybyli na [Kalwarię], zdarli z Niego szaty i przepasano Go chustą, a na głowę Jego założyli wieniec z cierni. Podobnie i dwóch łotrów powiesili razem z Nim: Dyzmę po prawicy, a Gestasa po jego lewicy.

Ewangelia Piotra, 4

On zaś milczał, jakby nie doznawał żadnego bólu. A gdy podnieśli krzyż, umieścili napis: „Ten jest królem Izraela". I położywszy szaty przed Nim, podzielili je i rzucili o nie losy.

Ewangelia Nikodema, 10

Jezus wtedy powiedział: „Ojcze, przebacz i odpuść im, bo nie wiedzą, co czynią". [...] A lud stał [wokół]. I wyśmiewali się z Niego książęta, starsi ludu i sędziowie ich, mówiąc: „Innych zbawiał, teraz niech zbawi samego siebie. Jeśli jest Synem Bożym, niech zstąpi z krzyża!" Wyśmiewali się z niego również żołnierze i podchodząc do niego, ofiarowywali mu do picia ocet z żółcią, mówiąc: „Jeśli Ty jesteś królem Żydów, wybaw samego siebie".

Ewangelia Piotra, 4

Było południe, a ciemność zapadła nad całą Judeą. I zlękli się, i zaniepokoili, aby słońce nie zaszło, ponieważ jeszcze żył; a stoi napisane dla nich: „Słońce niech nie zachodzi nad tym, na kim wykonano wyrok śmierci". I jeden z nich powiedział: „Dajcie Mu pić żółci z octem". I zamieszawszy, dali Mu pić. I wypełnili wszystko, i zgromadzili na swe głowy grzechy. Przychodzili liczni z łuczywami, bo myśleli, że już zapadła noc, a niektórzy się wywracali.

Ewangelia Nikodema, dodatek, 10.2

Wtedy Matka Boża stanęła i spojrzawszy, zawołała głosem wielkim: „Synu mój, Synu mój!" I zwrócił się ku niej Jezus, a ujrzawszy blisko niej płaczącego wraz z niewiastami Jana, rzekł: „Oto syn twój!" A następnie rzekł do Jana: „Oto matka twoja!"

MATKA OPŁAKUJE SYNA

A ona zapłakała głośno i mówiła: „Opłakuję, Cię, Synu, bo niesprawiedliwie cierpisz, ponieważ przewrotni Żydzi wydali Cię na gorzką śmierć. Cóż uczynię bez Ciebie, Synu? Jakże będę żyła bez Ciebie? Jak będę pędziła życie bez Ciebie? Gdzie są Twoi uczniowie, którzy chwalili się, że umrą z Tobą? Gdzie są ci, których uzdrawiałeś? Dlaczego nie znalazł się nikt, aby Ci pomóc?" Potem zwróciwszy się do krzyża, rzekła:

„Nachyl się, krzyżu, tak abym mogła objąć i ucałować mojego Syna, którego moimi piersiami wykarmiłam w sposób niezwykły, bo męża nie znałam.
Nachyl się, krzyżu, bo chcę uściskać Syna!
Nachyl się, krzyżu, abym mogła, ja, Jego matka, połączyć się z Synem".

Słysząc to, Żydzi przyszli i odegnali daleko ją, niewiasty i Jana.

Powstała, a biegnąc jak lwica z pola, rwała sobie szaty, a choć spoglądała w niebo, zwróciła się do Żydów, mówiąc: „O mężowie, zróbcie mi przejście, abym mogła podejść i objąć szyję mego baranka; zróbcie mi mężowie przejście, abym opłakiwała najmilszego Syna mojego, baranka mojej duszy; zróbcie mi miejsce, o mężowie, abym zbliżyła się do gałęzi wykarmionej mlekiem moich piersi; zróbcie mi miejsce, o mężowie, abym mogła ujrzeć i opłakiwać najsłodszego Syna mojego!" I bijąc się w piersi, wołała: „O biada, biada najsłodszy mój Synu, światło moich oczu i królu wszechrzeczy! O biada, biada, jakże zniosę oglądanie Ciebie wiszącego na krzyżu? O biada, biada, czyż to jest owa dobra nowina

Gabriela? Nuże, opłakujcie wszyscy mą duszę przejętą bólem! Bo oto widzę jednorodzonego i najsłodszego Syna mojego prowadzonego jak baranka bez winy na ukrzyżowanie, jak skazańca z rękami związanymi. Ten, który rozpostarł niebo jak płaszcz skórzany, jest prowadzony jak łotr pomiędzy łotrami. Nuże, słuchajcie ludy różnych pokoleń i języków, jak niesprawiedliwą śmierć Syn mój ponosi!"

I znów zawołała głośno: „Synu mój, Synu najsłodszy! [...] Gdzie jest słodka piękność Twych kształtów? Jak bardzo pogardzony stoisz przede mną. Dawniej byłeś doskonały dzięki piękności pośród synów ludzkich, teraz natomiast jesteś pogardzany, o najsłodszy!" [...]

I znowu biła się w piersi i wylewała łzy, ciężko wzdychając, i mówiła: „Gdzież są, słodki mój Synu, dobrodziejstwa, które uczyniłeś w Judei? Jakież zło uczyniłeś, Synu najsłodszy, niewdzięcznym Żydom? Za dobro otrzymujesz zło; zamiast Cię miłować, o Synu najukochańszy, zadają Ci poniżenie i chcą Cię przybić do krzyża! Biada mi, biada mi!"

Maryja, pełna żalu, zawołała z głębi [serca]: „Biada!" I rzekła do Archanioła: „O Gabrielu, gdzież ty jesteś, abym mogła wejść z tobą w spór? Gdzież to pozdrowienie: «Wesel się!», które do mnie wyrzekłeś? Czemuś mi wtedy nie powiedział o niezmiernych męczarniach, które czekają najsłodszego i najmilszego Syna i o niesprawiedliwej śmierci Jednorodzonego? Czemu nie powiedziałeś mi o niewypowiedzianej męce mej duszy z powodu umiłowanego Syna? Czemu nie powiedziałeś mi o rozdzierającym [serce] i pełnym męki oddzieleniu od najbiedniejszego Syna mojego i o utracie oczu ociemniałych od płaczu? Czemu mi wtedy nie powiedziałeś o podstępnym wydaniu Syna mojego przez zdradliwego i niegodziwego Judasza, ucznia i zdrajcę? Panie, zmiłuj się! Dlaczego oczy moje, widząc takie cierpienie najsłodszego i najbiedniejszego Syna, ociemniały i oślepły? Któż na całej ziemi ponosi takie cierpienia, tak ciężki ból i płacz z powodu oddzielenia od Syna mojego i Boga? Biada mi, biada, Synu najmilszy! Gdzie odejdę lub ucieknę? Biada mi, dziecko, biada mi! I jak pokażę się ludziom? [...] I co o mnie będą mówili między sobą? Biada mi! Oto jest matka tego, co został skazany na ból, a zwał się przecież królem i synem Boga. Biada mi, najsłodszy Synu, gdyż będę wspominała twoją miłość niezmierną i pełną miłosierdzia. Aż do śmierci będę odczuwała boleść, cierpienie, łzy i ból niewypowiedziany. Nie mam żadnej pociechy, Synu mój, bo widzę, jak oddzielają mnie teraz od Ciebie. Obym, o Synu mój, i ja umarła z Tobą! Błagam Cię, niech przyjdzie Archanioł Gabriel, który przekazał mi niegdyś pierwszą radość, i oby dusza moja połączyła się z Tobą".

ŚMIERĆ JEZUSA

Ewangelia Nikodema, 10

Jeden zaś z łotrów, którzy byli zawieszeni, imieniem Gestas, rzekł do Niego: „Jeśli ty jesteś Chrystusem, wyzwól siebie i nas". Odpowiedział mu Dyzma i zgromił go, mówiąc: „Czy nie boisz się Boga ty, który jesteś ukarany tym samym wyrokiem? My bowiem słusznie i sprawiedliwie otrzymaliśmy to, co znosimy; ten natomiast niczego złego nie uczynił". Tak zgromiwszy swego towarzysza, rzekł do Jezusa: „Pamiętaj o mnie, Panie, w twoim królestwie". Odpowiedział mu Jezus i rzekł: „Zaprawdę, powiadam ci, dziś ze Mną będziesz w raju".

Ewangelia Piotra, 4

A Pan zawołał, mówiąc: „Mocy moja, mocy moja, opuściłaś mnie" [...] I w tej samej chwili rozdarła się na dwoje zasłona świątyni jerozolimskiej.

Ewangelia Nikodema, 10

Zaś Longin, żołnierz, wziął włócznię i otworzył Mu bok, a z boku wypłynęła krew i woda.

Ewangelia Nikodema, 11

Gdy zaś centurion ujrzał, co się stało, chwalił Boga i mówił: „Ten człowiek był sprawiedliwy". I cały lud stojący wokół przeląkł się na ten widok, a rozważając to, co się stało, powracał [do domów], bijąc się w piersi. Centurion doniósł namiestnikowi, co się wydarzyło. A namiestnik, usłyszawszy to, bardzo się zasmucił i dnia tego ani nie jadł, ani nie pił. A zawoławszy Żydów, rzekł do nich Piłat: „Widzieliście, co się stało?" Odpowiedzieli namiestnikowi: „Nastało zaćmienie słońca, jak to się zdarza". Wszyscy zaś jego znajomi stali z daleka, także kobiety, które szły za Nim z Galilei, i widzieli to wszystko.

JÓZEF Z ARYMATEI OTRZYMUJE CIAŁO JEZUSA

Ewangelia Piotra, 2

Był tam Józef, przyjaciel Piłata i Pana.

Ewangelia Nikodema, 10

On nie zgadzał się z żądaniami i oskarżeniami Żydów. Pochodził on z miasta Arymatei w Judei i oczekiwał przybycia królestwa Bożego.

Ewangelia Piotra, 2

I widząc, że zamierzają Go ukrzyżować, poszedł do Piłata i prosił o ciało Pana z myślą o pogrzebie. I Piłat, posławszy do Heroda, prosił go o ciało. I rzekł Herod: „Bracie Piłacie, jeśliby nawet nikt nie poprosił o nie, my sami pogrzebalibyśmy Go, ponieważ rozpocznie się dzień szabatu, a napisano w Prawie: „Słońce niech nie zachodzi nad tym, na kim wykonano wyrok śmierci" (por. Pwt 21,23).

Wtedy wyrwali gwoździe z rąk Pana i złożyli Go na ziemi. A cała ziemia zadrżała i powstał wielki strach. Wtedy zabłysło słońce – była to godzina dziewiąta. Ucieszyli się Żydzi i oddali Józefowi Jego ciało, aby je pogrzebał, ponieważ wiedział, jak wiele dobrego On uczynił. Wziąwszy Pana, obmył Go, owinął w prześcieradło i złożył do własnego grobu, zwanego ogrodem Józefa.

Ewangelia Piotra, 6

Wtedy Żydzi: starsi i kapłani, widząc, jak wielką szkodę uczynili samym sobie, poczęli bić się w piersi i wołać: „Biada naszym grzechom. Zbliża się bowiem sąd i koniec Jerozolimy". [...] Zgromadzili się razem uczeni w Piśmie, faryzeusze i starsi, gdy usłyszeli, że cały lud szemrze i bije się w piersi, mówiąc: „Patrzcie, jak bardzo musiał on być sprawiedliwy, jeśli w chwili Jego śmierci działy się tak wielkie cuda!" Zlękli się starsi i przyszli do Piłata, prosząc go tymi słowy: „Daj nam żołnierzy, aby strzegli jego grobu przez trzy dni, by nie przyszli jego uczniowie i nie ukryli Go: lud myślałby wtedy, że powstał z martwych, i uczyniłby nam zło". I Piłat dał im centuriona Petroniusza i żołnierzy, aby strzegli grobu. A wraz z nimi udali się do grobu starsi i uczeni. Centurion, żołnierze i wszyscy tam będący, przytoczywszy wielki kamień, przyłożyli go do wejścia grobu i przyłożyli siedem pieczęci. A rozbiwszy namiot, rozpoczęli straż.

Gdy jednak Żydzi usłyszeli, że Józef poprosił o ciało Jezusa, zaczęli poszukiwać jego i owych dwunastu mężów, którzy mówili, że On nie narodził się z cudzołóstwa, oraz Nikodema i wielu innych, którzy stanęli przed Piłatem

Ewangelia Nikodema, 12–13

i mówili o Jego dobrych uczynkach. Ci zaś wszyscy się ukryli, a tylko Nikodem stanął przed nimi, ponieważ należał do pierwszych spośród Żydów, i rzekł do nich: „Jak weszliście do synagogi?" Oni na to odpowiedzieli: „A ty jak wszedłeś do synagogi, skoro zgadzałeś się [z nauką] Chrystusa? Niech Jego los stanie się twoim w życiu przyszłym". Odpowiedział Nikodem: „Amen, amen, amen". Podobnie Józef stanął przed nimi i rzekł do nich: „Dlaczego oburzacie się na mnie za to, że poprosiłem Piłata o ciało Jezusa? Oto złożyłem je w moim grobie i owinąłem je w czyste prześcieradło i położyłem kamień przy wejściu do grobu. Wy zaś nie postąpiliście w sposób słuszny względem tego człowieka sprawiedliwego i nie żałowaliście za to, że Go ukrzyżowaliście, lecz jeszcze przebiliście bok jego włócznią".

Gdy to usłyszeli sędziowie, pochwycili Józefa i nakazali go strzec przed dniem szabatu, aż do pierwszego dnia o szabacie [niedzieli]. I mówili do niego: „Wiedz, że w tej godzinie nie godzi się czynić niczego złego przeciw tobie, gdy rozpoczyna się szabat. Wiemy jednak, że nie jesteś nawet godzien grobu, lecz rzucimy twoje ciało ptakom niebieskim i dzikim zwierzętom". Odpowiedział Józef i rzekł: „Jest to mowa podobna do tej, którą wygłosił pyszny Goliat, który bluźnił Bogu żywemu wobec świętego Dawida. Rzekł więc Bóg przez proroka: «Moja zemsta i ja się odpłacę». Teraz więc Piłat o zatwardziałym sercu umył ręce swoje wobec słońca i rzekł: «Czysty jestem od krwi tego sprawiedliwego, wy baczcie!» A odpowiadając, powiedzieliście: «Krew jego na nas i na synów naszych». A teraz lękam się, aby nie przyszedł gniew Boży na was i na synów naszych, jak to powiedzieliście".

Słysząc te słowa, Żydzi bardzo się rozgniewali w duchu i chwyciwszy Józefa, zaaresztowali go i zamknęli w pomieszczeniu bez okien, a Annasz i Kajfasz zapieczętowali drzwi od pomieszczenia, [zamknęli na] klucz i postawili straże.

I uczynili naradę z kapłanami i lewitami, aby zebrali się po szabacie i naradzali się, jaką śmiercią mają zabić Józefa. Gdy to się stało, przełożeni Annasz i Kajfasz nakazali, aby postawiono przed nimi Józefa. Gdy jednak oni otworzyli kluczem oraz [złamali] pieczęcie na drzwiach, nie znaleźli Józefa [w więzieniu]. Gdy to usłyszało całe zgromadzenie, napełnił je podziw i zdumieli się, bo drzwi znaleźli opieczętowane, a przecież klucz do pomieszczenia mieli Annasz i Kajfasz.

ZMARTWYCHWSTANIE

WYJŚCIE Z GROBU

Wcześnie, gdy świtał dzień sobotni, przybył tłum z Jerozolimy i okolicy, aby zobaczyć opieczętowany grób. Ale w nocy, gdy świtał dzień Pański [niedziela], a grobu strzegły straże kolejno po dwóch, odezwał się, wielki głos w niebie i ujrzeli, jak otwarło się niebo i dwu mężów zstąpiło stamtąd odzianych wielkim blaskiem i zbliżyło się do grobu, a ów kamień, który zamykał wejście, stoczywszy się sam odsunął się na bok, grób się otworzył i obydwaj młodzieńcy weszli doń. Gdy więc owi żołnierze ujrzeli to, obudzili centuriona i starszych – oni bowiem tam byli, pełniąc straż, i gdy opowiedzieli im to, co ujrzeli, zobaczyli znowu trzech mężów wychodzących z grobu: dwu podtrzymywało jednego, krzyż im towarzyszył, a głowy dwu sięgały aż do nieba, podczas gdy głowa tego, który był przez nich prowadzony, przewyższała niebiosa. I usłyszeli głos z nieba mówiący: „Czy zwiastowałeś tym, którzy śpią?" I dała się słyszeć odpowiedź z krzyża: „Tak".

Ewangelia Piotra, 12-14

KOBIETY

W dniu Pańskim [w niedzielę] o świcie Maria Magdalena, uczennica Pana, która z lęku przed Żydami płonącymi gniewem nie uczyniła przy grobie Pana tego, co zwykły czynić niewiasty względem drogich sobie zmarłych, wziąwszy z sobą przyjaciółki udała się do grobu, gdzie został złożony. I lękały się, by ich nie ujrzeli Żydzi, i mówiły: „Jeśli w tym dniu, w którym został On ukrzyżowany, nie mogłyśmy płakać ani zawodzić, bijąc się w piersi, to uczyńmy to przynajmniej teraz, przy Jego grobie. Któż jednak odwali nam kamień leżący przy wejściu do grobu, abyśmy mogły wejść i usiąść przy Nim i dokonać tego, co jest obowiązkiem uczynić. Kamień był bowiem wielki i lękamy się, by nas ktoś nie zobaczył. A jeśli nie będziemy mogły, to przynajmniej złożymy przy wejściu to, co przyniosłyśmy na Jego pamiątkę; będziemy płakały i biły się w piersi, aż dojdziemy do naszego domu". I przyszedłszy, znalazły grób otwarty. I gdy podeszły, zajrzały doń i ujrzały tam jakiegoś młodzieńca siedzącego pośrodku grobu. Był on piękny i przyodziany w jasno błyszczącą szatę. On rzekł do nich: „Po co przyszłyście? Kogo szukacie? Czy może tego, który został ukrzyżowany? Zmartwychwstał i odszedł, a jeśli nie wierzycie, to zajrzyjcie i patrzcie na miejsce, gdzie spoczywał: nie masz Go, zmartwychwstał bowiem i odszedł tam, skąd został posłany". Wtedy przerażone niewiasty uciekły.

Był to ostatni dzień Przaśników i liczni [ludzie] szli, wracając do swych domów, bo święto się już skończyło.

STRAŻNICY

Ewangelia Piotra, 11

Strażnicy zaś grobu postanowili razem udać się i zawiadomić o tym Piłata. Gdy to rozważali, ujrzeli znowu, jak niebo otwarło się i jakiś człowiek zstąpił z nieba i wszedł do grobu. Gdy to ujrzeli ci, którzy byli z centurionem, jeszcze w nocy pośpieszyli do Piłata, pozostawiając grób, którego byli strzegli, i opowiedzieli wszystko, co ujrzeli, a mówili w wielkim lęku: „Prawdziwie, ten był Synem Bożym". W odpowiedzi powiedział Piłat: „Ja jestem czysty od krwi Syna Bożego. Wyście tego chcieli". Potem przyszli do niego wszyscy, prosili go i błagali, aby nakazał centurionowi i żołnierzom, aby nikomu nie mówili o tym, co widzieli. „Dość nam – mówią – że popełniliśmy największy grzech wobec Boga, abyśmy mieli jeszcze wpaść w ręce tłumu Żydów i zostać ukamienowani". Nakazał więc Piłat centurionowi i żołnierzom, aby nic nie mówili.

Jednak jeden z żołnierzy, którzy strzegli grobu [Jezusa], przyszedł do synagogi i powiedział: „Gdy my strzegliśmy grobu Jezusa, nastąpiło trzęsienie ziemi i ujrzeliśmy anioła Bożego, jak odwalił kamień grobu i usiadł na nim, a oblicze jego było jakoby błyskawica, a szaty jego jak śnieg. My zaś z powodu lęku staliśmy się jakoby umarli. I usłyszeliśmy, jak anioł mówił do niewiast, które przybyły do grobu Jezusa. I rzekł do nich anioł: «Nie lękajcie się! Wiem, że Jezus, którego szukacie, został ukrzyżowany. On jednak zmartwychwstał, jak przepowiedział. Chodźcie i zobaczcie miejsce, gdzie Go złożono. Wy zaś idźcie szybko i powiedzcie uczniom, że On zmartwychwstał i wyprzedzi was do Galilei: tam Go ujrzycie. Oto wam zwiastowałem».

Ewangelia Nikodema, 13

Na to Żydzi zawołali wszystkich żołnierzy, którzy strzegli grobu Jezusa, i powiedzieli do nich: „Z jakimi kobietami rozmawiał anioł? I dlaczego wy ich nie zatrzymaliście?" Odpowiadając, rzekli żołnierze: „Nie wiemy, kim były kobiety. My zaś byliśmy jakoby umarli z powodu lęku przed aniołem. Jak więc mogliśmy pochwycić te kobiety?" Rzekli do nich Żydzi: „Na życie Pana, nie wierzymy wam!"

W odpowiedzi żołnierze powiedzieli do Żydów: „Widzieliście, że Jezus uczynił tak wielkie cuda, a nie uwierzyliście mu. Jakże więc nam uwierzycie? Dobrze powiedzieliście: «Na życie Pana», bo naprawdę żyje Pan, którego wy ukrzyżowaliście. Słyszeliśmy także, że otwarłszy drzwi, nie znaleźliście ciała Józefa, który pogrzebał ciało Jezusa, a którego zamknęliście w pomieszczeniu, mimo że były one zamknięte na klucz. Dajcie nam przeto Józefa, którego strzegliście w pomieszczeniu, a my wam damy Jezusa, którego strzegliśmy w grobie".

W odpowiedzi rzekli Żydzi: „My wam damy Józefa, wy nam dajcie Jezusa. Józef bowiem znajduje się w swoim mieście, w Arymatei". Odpowiadając, rzekli żołnierze: „Jeśli Józef jest w Arymatei, to Jezus jest w Galilei, o czym słyszeliśmy od anioła, jak o tym mówił niewiastom".

Gdy to usłyszeli Żydzi, mówili: „Oby nie usłyszano tego, co było powiedziane, i oby wszyscy nie uwierzyli w Jezusa". I zebrali wiele pieniędzy, i dali żołnierzom, mówiąc: „Mówcie, że gdy spaliście, przyszli uczniowie Jezusa i ukradli jego ciało. A jeśli to usłyszy Piłat, namiestnik, my wstawimy się u niego za was i zapewnimy wam bezpieczeństwo". Żołnierze więc przyjęli pieniądze i tak mówili, jak im polecili Żydzi, i rozeszła się ta wiadomość wśród wszystkich.

WSTĄPIENIE DO NIEBA

Ewangelia Nikodema, 14

Jednak pewni kapłani imieniem Finees i Adda – nauczyciel i lewita imieniem Aggeusz, ci trzej przyszli z Galilei do Jerozolimy i powiedzieli do pierwszych spośród kapłanów i wszystkich, którzy byli w synagodze: „Widzieliśmy Jezusa, którego ukrzyżowaliście, jak rozmawiał ze swoimi jedenastu uczniami i jak siedział z nimi na Górze Oliwnej i mówił do nich: «Idąc na cały świat, nauczajcie wszystkie narody, chrzcząc je w imię Ojca i Syna, i Ducha Świętego. Kto zaś uwierzy i zostanie ochrzczony, ten będzie zbawiony». I gdy On to powiedział swoim uczniom, widzieliśmy, jak wstąpił do nieba".

Gdy to usłyszeli pierwsi spośród kapłanów i starsi z ludu, i lewici, rzekli do owych trzech mężów: „Oddajcie chwałę Bogu Izraela i wyznajcie Mu, czy jest prawdziwe to, co widzieliście i słyszeliście".

W odpowiedzi oni rzekli: „Na życie Boga Ojców naszych, na Boga Abrahama i Izaaka i na Boga Jakuba. Powiedzieliśmy prawdę, że słyszeliśmy, jak Jezus rozmawiał ze swymi uczniami i że widzieliśmy, jak on wstępował do nieba".

[W odpowiedzi ci trzej mężowie rzekli]: „Jeśli przemilczelibyśmy słowa, które usłyszeliśmy od Jezusa, i to, że widzieliśmy go wstępującego do nieba, popełnilibyśmy grzech".

Natychmiast powstali pierwsi z kapłanów i trzymając Prawo, zaprzysięgli ich, mówiąc: „Już nikomu więcej nie mówcie słów, które wypowiedzieliście o Jezusie". I dali im dużo pieniędzy i posłali z nimi trzech mężów, by wyprowadzili ich do ich krain, tak by w żadnym wypadku nie pozostawali w Jerozolimie.

I zebrali się wszyscy Żydzi, i zaczęli gorzko lamentować, mówiąc: „Dlaczego ten znak został uczyniony w Izraelu?" Annasz zaś i kapłani pocieszali ich, mówiąc: „Czy my mamy wierzyć żołnierzom strzegącym grobu Jezusa, gdy oni powiedzieli nam, że anioł odwalił kamień z grobu? Może to powiedzieli im jego uczniowie i dali im dużo pieniędzy, by oni to mówili, a oni sami mogli zabrać ciało Jezusa? To jednak wiedzcie, że nie należy wierzyć żadnym słowom wypowiedzianym przez cudzoziemców, bo oni także otrzymali od nas dużo pieniędzy i mówią innym to, czego my ich pouczyliśmy. Albo więc nam dotrzymają słowa, albo uczniom Jezusa".

Ewangelia Nikodema, 15

Powstał Nikodem i rzekł: „Słusznie mówicie, synowie Izraela. Słyszeliście bowiem to, co mówili owi trzej mężowie, przysięgając na Prawo Pańskie, którzy powiedzieli: «Widzieliśmy, jak Pan Jezus mówił ze swoimi uczniami na Górze Oliwnej, i widzieliśmy, jak On wstępował do nieba». Pismo nas poucza, że błogosławiony Eliasz Prorok został wzięty do nieba, a gdy synowie proroków pytali Elizeusza: «Gdzie jest wasz ojciec, Eliasz?», on rzekł do nich: «Został wzięty do nieba». I rzekli do niego synowie proroków: «Może porwał go zły duch i postawił na górach Izraela. Wybierzmy więc sobie mężów i przebiegnijmy góry Izraela, a może go znajdziemy». I prosili Elizeusza, i chodzili z nim przez trzy dni, i nie znaleźli Go. Teraz więc słuchajcie mnie, synowie Izraela, poślijmy mężów po górach Izraela, bo może duch porwał Jezusa. Może więc znajdziemy Go i będziemy mogli uczynić pokutę".

I podobała się całemu ludowi rada Nikodema, i posłali mężów, aby czynili poszukiwania, ale oni nie odnaleźli Jezusa. Oni zaś powróciwszy, powiedzieli: „Obiegliśmy [góry], ale choć nie znaleźliśmy Jezusa, odnaleźliśmy Józefa w mieście Arymatea".

JÓZEF Z ARYMATEI ŚWIADCZY O JEZUSIE

Gdy to usłyszeli pierwsi z kapłanów i cały lud, uradowali się i chwalili Boga Izraela za to, że odnaleziono Józefa, którego najpierw zamknęli w pomieszczeniu, a potem go tam nie odnaleźli. I zwołali wielkie zebranie, i rzekli pierwsi z kapłanów: „W jaki sposób możemy przyprowadzić do nas Józefa, by z nim pomówić?". I wzięli plik kart i napisali do Józefa tymi słowami: „Pokój z Tobą i wszystkimi, którzy są z Tobą. Wiemy, że zgrzeszyliśmy względem Boga i względem Ciebie. Racz przeto przybyć do ojców twoich i do synów twoich, bo zdumiewaliśmy się wszyscy z powodu Twojego zniknięcia. Wiemy bowiem, że podjęliśmy fałszywą radę względem Ciebie, bo Pan przyjął Cię. I sam Pan uwolnił Cię od naszego złośliwego zamiaru. Pokój z Tobą, Panie Józefie, którego czci cały lud".

I wybrali siedmiu mężów, przyjaciół Józefa, i rzekli do nich: „Gdy przyjdziecie do Józefa, pozdrówcie go w pokoju i dajcie mu list". Gdy więc owi mężowie przybyli do Józefa, pozdrowili go w pokoju i oddali mu list. Gdy go Józef przeczytał, rzekł: „Błogosławiony Pan Bóg, bo wyzwolił Izraela od tego, by wylano moją krew. Błogosławiony Bóg, który uchronił mnie pod swoimi skrzydłami". I ucałował Józef owych mężów i przyjął ich do swego domu.

Następnego dnia zasiadł na swojego osła i udał się z nimi, i przybyli do Jerozolimy. A gdy usłyszeli o tym wszyscy Żydzi, wybiegli mu naprzeciw, wołając tymi słowami: „Pokój tobie, przybywającemu, ojcze Józefie!" Im odpowiedział Józef i rzekł: „Pokój Pana całemu ludowi!" I wszyscy go ucałowali. A Nikodem przyjął go do swego domu i uczynił wielkie przyjęcie.

Następnego dnia poprzedzającego szabat Annasz, Kajfasz i Nikodem rzekli do Józefa: „Złóż wyznanie przed Bogiem Izraela i objaw nam wszystko, o co cię zapytamy, bo jesteśmy bardzo zasmuceni z powodu tego, że pogrzebałeś ciało Jezusa, a zamknąwszy ciebie w pomieszczeniu, nie znaleźliśmy ciebie i napełnił nas wielki podziw, i lęk nas ogarnął aż do dnia, w którym cię tu przyjęliśmy. A teraz przed Bogiem objaw nam, co się tobie wydarzyło". Odpowiadając, powiedział Józef: „Gdy mnie zamknęliście w piątek wieczorem, w przeddzień Paschy, w sobotę modliłem się, około północy dom został podniesiony za cztery rogi. I ujrzałem Jezusa, a był On jak błyskawica, i z lękiem upadłem na ziemię. A On, wziąwszy mnie za rękę, podniósł mnie z ziemi i spłynęła na mnie rosa wody. On zaś otarł moją twarz, ucałował mnie i powiedział: «Nie lękaj się, Józefie, spojrzyj na Mnie i patrz: to Ja jestem». I spojrzałem na niego, i rzekłem: «Rabboni Eliaszu!» On zaś rzekł do mnie: «Nie jestem Eliaszem, ale Jezusem, którego ciało ty pogrzebałeś». I rzekłem do niego: «Pokaż mi grób, w którym Cię złożyłem». On zaś, trzymając mnie za rękę, zaprowadził mnie do miejsca, gdzie Go pogrzebałem, i pokazał mi prześcieradło i chusty, w które owinąłem Jego głowę. Wtedy dopiero poznałem, że to jest Jezus, i oddałem Mu cześć, i rzekłem: «Błogosławiony, który przychodzi w imię Pańskie». I trzymając mnie za rękę, zaprowadził mnie do Arymatei, do mojego domu, i rzekł do mnie: «Pokój z tobą. Aż do czterdziestego dnia nie wychodź ze swego domu, Ja bowiem udam się do moich uczniów».

Ewangelia Nikodema, 15

Gdy to wszystko usłyszał pierwszy z kapłanów i inni kapłani i lewici, zdumieli się i padli twarzami na ziemię jakoby martwi i zawoławszy, mówili do siebie: „Jakiż to znak został uczyniony w Izraelu? Wiemy bowiem, kim są ojciec i matka

Jezusa". Pewien zaś lewita rzekł: „Ja wiedziałem, że Jego ojciec i matka byli z jego rodu, bojącymi się Boga, i z modlitwą składali zawsze w świątyni ofiary i całopalenia Bogu Izraela. I gdy przyjął Go wielki kapłan Symeon, trzymając go za rękę, powiedział do niego: «Teraz pozwalasz, Panie, słudze twemu odejść w pokoju wedle twojego słowa, bo oczy moje oglądały twoje zbawienie, które zgotowałeś w obliczu wszystkich ludów, światło na objawienie pogan i chwałę ludu twego, Izraela». Podobnie ów Symeon błogosławił Maryję, matkę Jezusa, i rzekł do niej: «Zwiastuję tobie o tym chłopcu: On postawiony jest na upadek i powstanie licznych, i jako znak sprzeciwu. A twoją duszę przeniknie miecz, aby zostały wyjawione myśli serc wielu»".

Wtedy powiedzieli Żydzi: „Poślijmy po owych trzech mężów, którzy mówili, że widzieli Go z uczniami na Górze Oliwnej". I tak się stało. A gdy oni przyszli i poddano ich badaniom, jednogłośnie odpowiadali: „Jak żyje Pan, Bóg Izraela: jawnie widzieliśmy Jezusa i Jego uczniów, i jak On wstępował do nieba".

Wtedy Annasz i Kajfasz wzięli ich osobno i wypytywali, a oni jednogłośnie mówili, że widzieli Jezusa wstępującego do nieba. Wtedy rzekli Annasz i Kajfasz: „Prawo nasze stwierdza: «Na ustach dwóch albo trzech świadków stoi każde słowo». Ale cóż mamy powiedzieć: że błogosławiony Henoch spodobał się Bogu i został przeniesiony słowem Bożym i że nie znaleziono grobu błogosławionego Mojżesza, i że nie zaznał śmierci Eliasz prorok. Jezus natomiast został przekazany Piłatowi, został ubiczowany, opluty, ukoronowany cierniem, przebity włócznią i przybity do drzewa krzyża, umarł i został pogrzebany, a ciało Jego w swoim nowym grobie pochował czcigodny Józef – i oto ten sam Józef świadczy, że widział Go żywego. I trzej uczniowie świadczą, że widzieli Go razem z jego uczniami, jak z Góry Oliwnej wstępował do nieba".

ZMARTWYCHWSTALI SYNOWIE STARCA SYMEONA

Ewangelia Nikodema, 17–28

[Józef z Arymatei] rzekł do Annasza i Kajfasza: „Słusznie i dobrze jest, że dziwicie się, gdy usłyszeliście, że widziano Jezusa ze śmierci żywego, jak wstąpił do nieba. Zaprawdę, jeszcze bardziej zdumiewające jest to, że nie tylko zmartwychwstał spośród martwych, ale także licznych innych zmarłych wskrzesił z grobów, a ci przez wielu byli widziani w Jerozolimie. Teraz więc słuchajcie mnie: wszyscy znamy błogosławionego Symeona, wielkiego kapłana, który przyjął Jezusa-dziecko na swoje ramiona. Ten zaś Symeon miał dwóch synów, rodzonych braci, i my wszyscy byliśmy obecni przy ich uśnięciu i na ich pogrzebie. Idźcie więc i zobaczcie ich groby: są one otwarte, bo oni zmartwychwstali i oto znajdują się teraz w Arymatei: obydwaj żyją. I słyszymy ich, jak głośno się modlą, ale z nikim nie rozmawiają, i milczą jak umarli. Chodźmy więc, pójdźmy do nich z całą czcią, ale z umiarem, i przyprowadźcie ich do nas. Zaprzysięgniemy ich: może wtedy opowiedzą nam o tajemnicy swojego zmartwychwstania".

Gdy to wszyscy usłyszeli, ucieszyli się. I poszli Annasz i Kajfasz, Nikodem i Józef oraz Gamaliel, i nie znaleźli ich w grobie, więc udali się do miasta Arymatei, gdzie znaleźli ich klęczących i pogrążonych w modlitwie. Ucałowali ich z całą czcią i bojaźnią Bożą i przyprowadzili ich do synagogi w Jerozolimie. A gdy zamknęli drzwi, wzięli Prawo Boże, włożyli je w ich ręce i zaprzysięgli ich na Boga Adonaj i na Boga Izraela, który przemawiał do naszych ojców przez Prawo i przez Proroków: „Jeśli wierzycie, że on jest tym, który was wskrzesił z martwych, powiedzcie to nam, jak powstaliście z martwych".

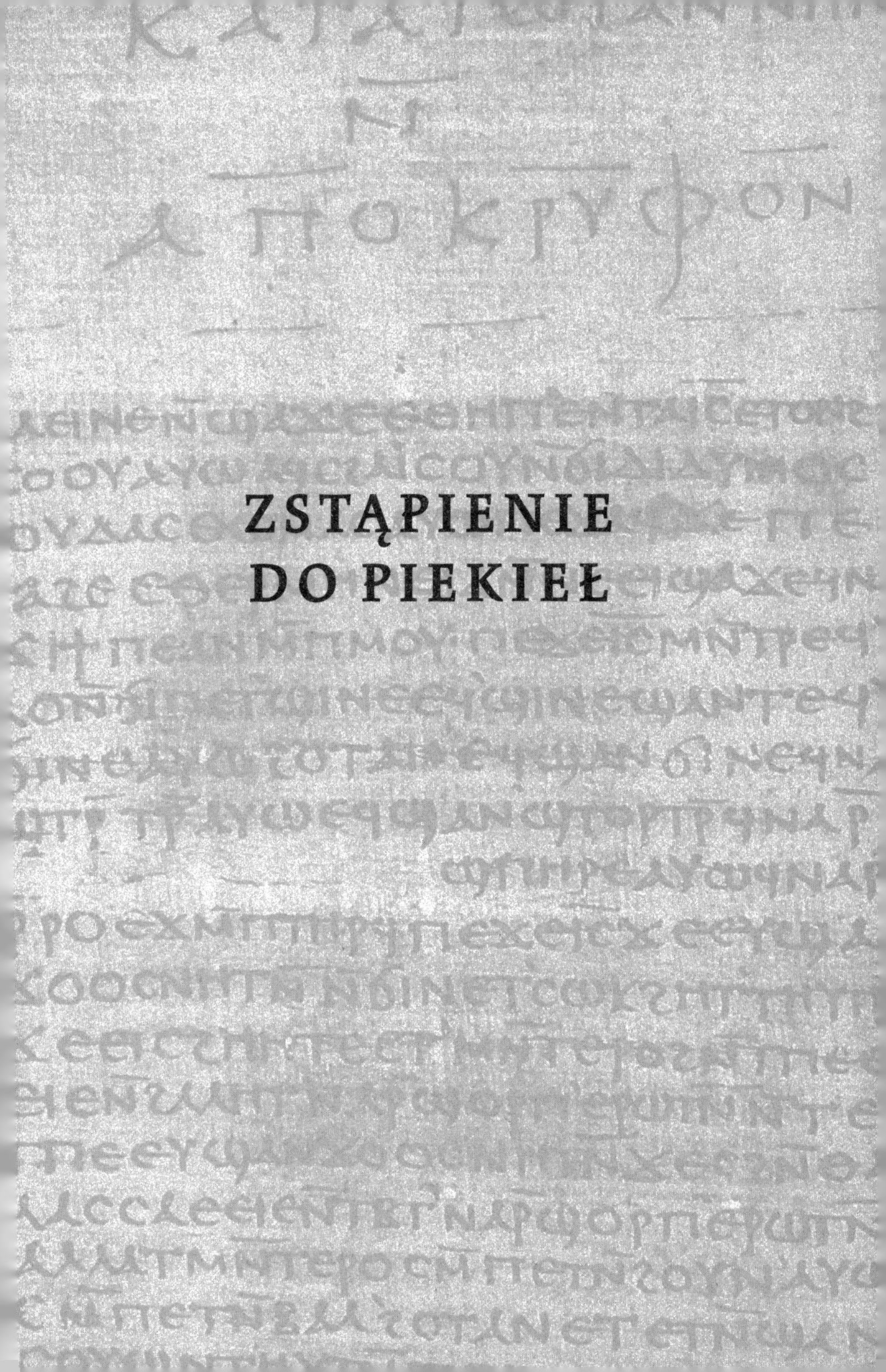

ZSTĄPIENIE DO PIEKIEŁ

JEZUS W OTCHŁANI

Ewangelia Nikodema, 17–28

Gdy Karinus i Leucjusz usłyszeli to zaprzysiężenie, zadrżeli na ciele i wzburzeni wydali głęboki jęk. Razem spojrzeli w niebo, uczynili znak krzyża na swoim języku i natychmiast razem powiedzieli: „Dajcie nam plik karty, a my spiszemy to, co widzieliśmy i słyszeliśmy". I dali je im. A usiadłszy, zaczęli pisać, każdy z nich w ten sam sposób:

„Jezu Chryste, Panie Boże, zmartwychwstanie i życie umarłych, pozwól nam opowiedzieć tajemnicę dokonaną przez twoją śmierć na krzyżu, bo zostaliśmy zaprzysiężeni na twoje imię. Ty bowiem zakazałeś sługom twoim komukolwiek mówić o tajemnicach twojego boskiego majestatu, które sprawiłeś w podziemiach. Gdy przebywaliśmy ze wszystkimi naszymi ojcami w głębokich ciemnościach, nagle zabłysło złociste ciepłe słońce królewskiej purpury i oświeciło nas. Natychmiast Adam, ojciec całego rodzaju ludzkiego, wraz ze wszystkimi patriarchami i prorokami rozradowali się i rzekli: «To światło pochodzące ze źródła światła wiecznego, które obiecało nam przesłać swoje współistotne światło». I zawołał Izajasz, i rzekł: «To jest światło Ojca, Syn Boży, jak to przepowiedziałem, kiedy żywy przebywałem na ziemi: 'Ziemia Zabulona i ziemia Neftalego wzdłuż Jordanu, Galilea pogan. Lud, który przebywał w ciemności, ujrzy światło wielkie, a tym, którzy przebywają w krainie cienia śmierci, zabłyśnie światło'. I teraz ono przeszło i oświeciło nas, siedzących w [krainie] śmierci». I gdy rozradowali się wszyscy, ze światła, które zajaśniało nad nami, przybył nasz rodzic, Symeon, i radując się, powiedział do wszystkich: «Wychwalajcie Pana, Chrystusa, Syna Boga, bo ja Go przyjąłem jeszcze jako dziecko nowo narodzone w swoje ramiona w świątyni i prowadzony Duchem Świętym rzekłem do niego i wyznałem: 'Teraz ujrzały oczy moje twoje zbawienie, które zgotowałeś wobec wszystkich narodów, światło na oświecenie pogan i chwałę ludu Izraela'». Cały tłum świętych, skoro usłyszał te słowa, jeszcze bardziej się rozradował.

Po tym przyszedł ktoś jakoby pustelnik, a zapytany przez wszystkich: «Kim jesteś?», odpowiedział im: «Ja jestem Jan, głos i prorok Najwyższego, który przygotował jego przybycie przed Jego obliczem, aby pouczyć o zbawieniu jego lud na odpuszczenie grzechów. A gdy ujrzałem Go, jak do mnie przychodził, wyznałem pod natchnieniem Ducha Świętego i rzekłem: 'Oto Baranek Boży, oto który gładzi grzechy świata'. I ochrzciłem Go w falach Jordanu, i ujrzałem Ducha Świętego, jak zstępował na Niego w postaci gołębicy, i usłyszałem głos z nieba, który mówił: 'Ten jest Syn mój umiłowany, w którym mam upodobanie'. A i teraz idę, uprzedzając Go, i zstąpiłem, aby wam zwiastować, że wkrótce nawiedzi nas sam Wschód, Syn Boży, który przybywa z wysokości do nas, którzy przebywamy w ciemnościach i w cieniu śmierci».

Gdy te słowa usłyszał prarodzic Adam, nasz ojciec, że on został ochrzczony w Jordanie, zawołał do swego syna, Seta, i rzekł: «Opowiedz twoim synom, patriarchom i prorokom wszystko to, co usłyszałeś od Michała Archanioła, gdy cię wysłałem do bramy raju dla ubłagania Boga, by posłał swojego anioła, który dałby ci oleju z drzewa miłosierdzia dla namaszczenia mego ciała, jako że wtedy byłem chory». Wtedy Set zbliżył się do świętych proroków i rzekł: «Ja, Set, kiedy trwałem na modlitwie u bram rajskich, oto anioł Pański Michał objawił mi się i powiedział: 'Ja jestem posłany od Pana, ja jestem postanowiony nad ciałem ludzkim. Mówię ci, Secie, przestań się martwić, modląc się ze łzami i błagając oleju z drzewa miłosierdzia dla namaszczenia twego ojca Adama cierpiącego na ciele, bo żadną miarą nie możesz go otrzymać: a otrzymasz go w czasach ostatecznych, kiedy wypełni się pięć tysięcy i pięćset lat. Wtedy przyjdzie na ziemię umiłowany Syn Boży, Chrystus, który sprawi, że z martwych powstanie ciało Adama, a wespół z nim zmartwychwstaną ciała umarłych i zostanie uleczona wszelka choroba. A on, gdy przybędzie, zostanie ochrzczony w Jordanie. Gdy zaś On wyjdzie z wody Jordanu, wtedy namaści wszystkich wierzących olejem swojego miłosierdzia, pokolenie, które narodzi się z wody i z Ducha na życie wieczne. Amen. Wtedy gdy wstąpi na ziemię Chrystus, umiłowany Syn Boży, wprowadzi Adama do raju, do drzewa miłosierdzia'». Gdy patriarchowie i prorocy usłyszeli to wszystko od Seta, rozradowali się radością wielką.

SZATAN I PIEKŁO

Gdy wszyscy święci radowali się, oto Szatan, książę i wódz Śmierci, rzekł do Piekła: «Przygotuj się, aby przyjąć Jezusa, który chlubi się, że jest Synem Bożym, a jest przecież tylko człowiekiem lękającym się śmierci, który mówił: 'Smutna jest dusza moja aż do śmierci'. I w wielu rzeczach mi się sprzeciwiał, czyniąc źle, i wielu tych, których ja uczyniłem ślepymi, kulawymi, garbatymi, trędowatymi i opętanymi, uzdrowił jednym tylko słowem, a nawet tych, których ja jako umarłych przywiodłem do ciebie, on sam od ciebie wyrwał jako żywych». Odpowiadając, Piekło rzekło do księcia Szatana: «Kimże jest ten tak potężny, choć jest człowiekiem lękającym się śmierci? Wszyscy bowiem możni tego świata są poddani mojej władzy, a ty ich przyprowadzasz poddanych tobie twoją mocą. Jeśli więc ty jesteś potężny, jakim jest ów człowiek, który boi się śmierci, a sprzeciwia się także twojej władzy? Jeśli zaś On jest tak potężny w swoim człowieczeństwie, zaprawdę powiadam ci, jest wszechmocny w swoim bóstwie i nikt nie może się oprzeć Jego mocy. A jeśli On mówi, że nie lęka się śmierci, to chce cię pochwycić, a wtedy biada tobie na wszystkie wieki». Odrzekł Szatan, wódz Tartaru, i rzekł: «Czemu zwątpiłeś i lękasz się przyjąć owego Jezusa, zarówno mojego, jak i twojego nieprzyjaciela? Ja Go kusiłem i ja pobudziłem przeciw niemu Żydów, mój lud starożytny, do zazdrości i gniewu. Włócznię przeciw Niemu pobudziłem, żółć i ocet zmieszałem, by dano Mu za napój, i drzewo przygotowałem dla ukrzyżowania Go, i ostrze dla przeszycia, i jest On już bliski śmierci, i przyprowadzę Go do ciebie, poddanego mnie i tobie». W odpowiedzi rzekło Piekło: «Ty sam powiedziałeś, że On ode mnie wyprowadził zmarłych. Wielu bowiem jest tych, którzy teraz są pod moją władzą, ale gdy żyli na ziemi, zabierali mi umarłych, ale nie swoją mocą, ale modlitwą do Boga, i to Bóg wszechmogący zabierał ich ode mnie. Ale kim jest ów Jezus, który jednym swoim słowem zabiera mi umarłych bez jakichkolwiek modlitw? A może jest to ten, który Łazarzowi leżącemu już trzy dni w grobie i już cuchnącemu, którego trzymałem umarłego, przywrócił życie przez słowo swojego rozkazu?» Odpowiadając, Szatan, książę i wódz śmierci, rzekł: «To jest ten sam Jezus!» Gdy to usłyszało Piekło, rzekło do niego: «Zaklinam cię przez twoją i moją moc, byś Go tu do mnie nie sprowadzał. Ja bowiem, skoro usłyszałem moc Jego słowa, zadrżałem przejęty lękiem i wszyscy moi bezbożni słudzy wraz ze mną zostali poruszeni. Nie mogliśmy bowiem utrzymać Łazarza, lecz on uderzony jak orzeł sprawnie i błyskawicznie wyszedł od nas, a nawet ziemia, która trzymała Łazarza, oddała natychmiast jego ciało śmiertelne. Tak więc teraz wiem, że ów człowiek, który mógł to uczynić, jest Bogiem mocnym, mającym siłę i potężnym w człowieczeństwie, i zbawcą rodzaju ludzkiego. Jeśli więc ty Go tu do mnie przyprowadzisz, wtedy On uwolni wszystkich, którzy przez swoją niewiarę zostali zamknięci w więzieniu i są spętani nierozwiązalnymi więzami grzechów, i mocą swojej boskości wyprowadzi ich do życia na wieczność».

Gdy tak między sobą rozmawiali książę Szatan i Piekło, odezwał się grzmot i duchowe wołanie: «Podnieście bramy wasze, książęta, i podnieście bramy odwieczne, a wejdzie Król Chwały!» Gdy Piekło usłyszało te słowa, rzekło do księcia Szatana: «Odejdź ode mnie i wyjdź z moich siedzib, jeśli jesteś potężnym wojownikiem, aby walczyć z Królem Chwały! Co tobie do Niego?» I wyrzuciło Piekło Szatana ze swego mieszkania. I rzekło Piekło do swych bezbożnych sług: «Zamknijcie, okrutnicy, bramy spiżowe i zawrzyjcie rygle żelazne i mężnie opierajcie się, abyśmy nie zostali uwięzieni my, którzy trzymamy jeńców w niewoli!» Gdy te słowa usłyszał tłum świętych, zganili Piekło i rzekli do niego: «Otwórz twoje bramy, aby wszedł Król Chwały!» I zawołał Dawid tymi słowami: «Czyż ja, gdy byłem jeszcze żywy na ziemi, nie przepowiadałem wam: 'Wyznajemy Panu jego miłosierdzie i cuda jego względem synów ludzkich, bo starł bramy spiżowe i rygle żelazne potrzaskał. Przyjął ich z drogi ich niegodziwości'». A potem podobnie mówił Izajasz: «Czyż ja, gdy byłem jeszcze żywy na ziemi, nie przepowiedziałem wam: 'Powstaną martwi i powstaną ci, którzy są w grobach i będą się wynosili ci, którzy są w ziemi, bo rosa pochodząca od Boga stanie się ich uzdrowieniem'. I podobnie znowu powiedziałem: 'Gdzie jest, o Śmierci, twój oścień? Gdzie jest, o Piekło, twoje zwycięstwo?'». I gdy wszyscy święci usłyszeli te słowa wypowiedziane przez Izajasza, rzekli do Piekła: «Otwórz twoje bramy, teraz zostaniesz zwyciężone, słabe i bez mocy!» I rozległ się głos wielki, jakoby grzmotu, mówiący: «Podnieście bramy wasze, książęta, i podnieście bramy odwieczne, a wejdzie Król Chwały!» Piekło zaś, widząc, że zawołano tak dwukrotnie, jakoby nie rozumiejąc, rzekło: «Któż jest owym Królem Chwały?» Odpowiadając Piekłu, rzekł Dawid: «Znam słowa tego zawołania, bo sam je wyprorokowałem przez jego Ducha. A teraz to, co uprzednio wyprorokowałem, mówię tobie: 'Bóg potężny i mocny, Bóg potężny w bitwie, on jest królem chwały'. I sam Pan spojrzał z nieba na ziemię, aby usłyszeć głos uwięzionych i rozwiązać synów zabitych. A teraz najbrudniejsze i najszpetniejsze Piekło, otwórz swoje bramy, aby wszedł Król Chwały».

PORAŻKA SZATANA

Gdy to mówił do Piekła Dawid, nadszedł Król Chwały w kształcie człowieka, Pan Majestatu, rozjaśnił wieczne ciemności i rozbił nierozwiązane kajdany. Pomoc niezwyciężonej mocy nawiedziła nas, siedzących w ciemnościach win i w cieniu śmierci grzechów.

Gdy to ujrzało Piekło, Śmierć i ich bezbożni słudzy wraz z okrutnymi sługami, przelękli się, zobaczywszy w swoim królestwie jasność tak wielkiego światła, i gdy ujrzeli nagle Chrystusa w swoich siedzibach, zawołali, mówiąc: «Zostaliśmy przez Ciebie zwyciężeni. Kim jesteś Ty, który kierujesz się od Pana na nasze zawstydzenie? Kim jesteś Ty, niedotknięty skażeniem, udowadniając niezniszczalność swego majestatu, który gniewem potępiasz naszą moc? Kim jesteś Ty, tak wielki, a zarazem mały, pokorny, a wyniosły, żołnierz i wódz, w kształcie godny podziwu bojownik, Król Chwały, umarły i żywy, którego umarłego niósł krzyż? Wprawdzie leżałeś zmarły w grobie, ale jako żywy wstąpiłeś do nas. W twojej śmierci zadrżało wszelkie stworzenie i poruszone zostały wszystkie gwiazdy. A teraz stałeś się wolny pośród umarłych i poruszyłeś nasze zastępy. Kim jesteś Ty, który uwalniasz tych, którzy byli więźniami związanymi grzechem pierworodnym i który wywołujesz do dawnej wolności więźniów? Kim jesteś Ty, który na oślepionym ciemnościami grzechów zlewasz światło boskie, jaśniejący i niosący światło?» Także wszystkie hufce szatanów zdjęte podobnym strachem, przerażone i wzburzone, wołały jednym głosem: «Skąd jesteś Ty, Jezu, potężny człowieku, i tak wzniosły w majestacie, tak przesławny i bez zmazy oraz czysty od winy? Ów bowiem świat ziemski, który był nam dotąd zawsze posłuszny i spłacał dług naszych czynów, nigdy nam nie przekazał takiego zmarłego, nigdy nie przeznaczył dla Piekła takiego podarunku. Kim więc jesteś ty, który tak niewzruszony wszedłeś w nasze progi? Nie tylko nie lękasz się naszych próśb, ale co więcej, chcesz wszystkich wyciągnąć z naszych więzów. A może Ty jesteś owym Jezusem, o którym książę nasz, Szatan, mawiał, że przez twoją śmierć na krzyżu przyjąłeś moc całego świata?» Wtedy Król Chwały w majestacie swoim zdeptał Śmierć, pochwycił księcia Szatana, przekazał go mocy Piekła i pociągnął Adama do swojej jasności.

Wtedy Piekło, przyjmując Szatana i ganiąc go surowo, rzekło do niego: «O książę zagłady i wodzu zguby, Belzebubie, wyśmiany przez Aniołów Bożych, wypluty przez sprawiedliwych, cóż nam chciałeś uczynić? Chciałeś ukrzyżować Króla Chwały, z którego śmierci takie łupy nam obiecywałeś. Nie wiedziałeś, głupcze, co czyniłeś. Oto właśnie ten Jezus blaskiem swojej boskości zmusza do ucieczki wszystkie mroki śmierci, mocne więzienie połamał, wyprowadził jeńców, uwolnił powiązanych. Wszyscy zaś ci, którzy zwykli byli wzdychać, przez nas dręczeni, teraz nam urągają, a wyzwiskami znieważają naszą władzę, nasze królestwo popada w więzy, a ród ziemski przestał nas szanować. I co więcej, urągają nam ci, którzy nigdy nie okazywali swojej pychy, i jeńcy, którzy nigdy nie byli radośni. O książę Szatanie, ojcze wszystkich niegodziwców i odstępców! Dlaczego chciałeś to uczynić? Ci bowiem, którzy od początku aż dotąd stracili nadzieję na zbawienie i na życie, teraz nie wydają żadnego jęku ani nie rozbrzmiewa żadne ich westchnienie, ani na ich twarzy nie widać jakiegokolwiek śladu łzy. O książę Szatanie, który posiadałeś klucze Piekieł, teraz utraciłeś przez drzewo krzyża twoje bogactwa zdobyte przez drzewo grzechu i przez wypędzenie z raju; zginęła także twoja radość. Gdy bowiem powiesiłeś [na drzewie krzyża] owego Chrystusa, Króla Chwały, działałeś przeciw sobie i przeciw mnie. Teraz więc poznaj, jak będziesz cierpiał wiele mąk wiecznych i niezliczonych cierpień pod moją wieczną strażą. O książę Szatanie, twórco śmierci i początku pychy, powinieneś był wprzód rozważyć złą sprawę przeciw temu Jezusowi. Jeśli bowiem nie znalazłeś w Nim żadnej winy, to dlaczego bez sensu i niesprawiedliwie ośmieliłeś się go ukrzyżować i sprowadziłeś do naszej krainy niewinnego i sprawiedliwego? I w ten sposób utraciłeś bezbożnych i niesprawiedliwych z całego świata». I gdy tak mówiło Piekło do księcia Szatana, Król Chwały rzekł do Piekła: «Książę Szatan będzie pod twoją władzą na wieki wieków w miejsce Adama i jego synów, moich sprawiedliwych».

SPRAWIEDLIWI

Pan zaś, wyciągnąwszy swoją rękę, rzekł: «Przyjdźcie do mnie, wszyscy moi święci, którzy nosicie mój obraz i podobieństwo, wy, którzy zostaliście potępieni przez drzewo i diabła, teraz widzicie, że przez drzewo został potępiony Szatan i Śmierć». I natychmiast wszyscy święci zgromadzili się pod ręką Boga. A Pan, trzymając prawicę Adama, rzekł do niego: «Pokój z tobą i wszystkimi twoimi synami, moimi sprawiedliwymi». Na to Adam przypadł do stóp

Pana i zawołał wielkim głosem, pełnym łez i próśb: «Wysławiam Cię, Panie, bo mnie przyjąłeś i nie przeniosłeś ponad mnie moich nieprzyjaciół. Panie, Boże mój, wołałem do Ciebie i uzdrowiłeś mnie, wyprowadziłeś z piekła moją duszę i wybawiłeś mnie od zstępujących do jaskini. Śpiewajcie Psalmy Panu jego święci i wysławiajcie wspomnienie Jego świętości, bo gniew w jego oburzeniu, a życie w Jego woli». Podobnie i inni święci, przypadłszy do stóp Pańskich, jednym głosem wołali: «Przybyłeś, Zbawicielu świata, i jak przepowiedziałeś przez Prawo i przez twoich Proroków, tak wypełniłeś to czynami. Odkupiłeś żywych przez krzyż twój i przez śmierć na krzyżu do nas zstąpiłeś, aby przez twój majestat wyrwać nas z Piekła i Śmierci. Panie, jak postawiłeś znak chwały na niebie, jak wzniosłeś znak naszego zbawienia – krzyż na ziemi, tak postaw, Panie, w Piekle znak zwycięstwa twojego – krzyż, aby śmierć już więcej nie panowała». A Pan wyciągnął rękę swoją i uczynił znak krzyża ponad Adamem i ponad świętymi swoimi i trzymając Adama za prawą rękę, wyszedł z Piekieł, a wszyscy święci szli za Panem. Wtedy święty Dawid głośno zawołał, mówiąc: «Śpiewajcie Panu pieśń nową, bo Pan uczynił cuda. Zbawiła go Jego prawica i święte ramię Jego. Oznajmił Pan swoje zbawienie i wobec pogan objawił swoją sprawiedliwość». I cały tłum świętych odpowiedział, mówiąc: «To jest chwała wszystkich świętych jego. Amen. Alleluja».

Po tym zawołał prorok Habakuk, mówiąc: «Wyszedłem dla zbawienia twego ludu i dla wyzwolenia twoich wybranych». I wszyscy święci odpowiedzieli, mówiąc: «Błogosławiony, który przychodzi w imię Pana, Bóg Pan, i zajaśniał nam. Amen. Alleluja!» Podobnie i prorok Micheasz zawołał, mówiąc: «Jaki jest bóg podobny do Ciebie, Panie, który gładzisz niegodziwości i nasze przestępstwa. A teraz powstrzymujesz gniew twój na świadectwo, bo Ty pragniesz miłosierdzia. I zwróciwszy się, zmiłujesz się nad nami i odpuścisz wszystkie nasze niegodziwości. I wszystkie grzechy nasze pogrążyłeś w głębinie śmierci, jak przysięgłeś ojcom naszym za dni dawnych». I wszyscy święci odpowiedzieli: «To jest Pan nasz na wieczność i na wieki wieków. Amen. Alleluja!» Tak więc wszyscy prorocy ze swych proroctw cytowali rzeczy święte i wołali: «Amen. Alleluja!», i szli za Panem.

Pan zaś, trzymając za rękę Adama, przekazał go Michałowi Archaniołowi i wszyscy święci szli za Michałem Archaniołem, i on wprowadził ich wszystkich do łaski chwalebnej raju. I wybiegło naprzeciw im dwóch mężów dni starożytnych. I święci ich zapytali: «Kim jesteście wy, którzy nigdy jako umarli nie byliście z nami w Piekle, a jesteście w ciele złożeni w raju?» Odpowiedział jeden z nich: «Ja jestem Henoch, który zostałem tu przyniesiony przez słowo Pana. Ten zaś, który jest ze mną, to Eliasz Tesbita, który na wozie ognistym został tu przywiedziony, i aż dotąd nie zaznaliśmy śmierci, lecz zostaliśmy zachowani na przyjście Antychrysta, aby walczyć z nim boskimi znakami i cudami, i przez niego zostaniemy zabici w Jerozolimie, i po trzech dniach i po połowie dnia znowu jako żywi zostaniemy podniesieni na chmurach».

I gdy Henoch i Eliasz rozmawiali tak ze świętymi, oto pojawił się mąż bardzo biedny, niosąc na swoich ramionach znak krzyża. Widząc go, wszyscy święci rzekli do niego: «Kim ty jesteś? Wyglądasz na łotra. I czemu dźwigasz na swoich ramionach ten znak krzyża?» On im odpowiedział:

«Prawdę powiedzieliście, bo byłem łotrem i wszelkie zło czyniłem na tej ziemi. I Żydzi ukrzyżowali mnie wraz z Jezusem, i ujrzałem wszystko, co dokonało się przez krzyż Jezusa ukrzyżowanego, i uwierzyłem, że On jest Stwórcą wszystkich stworzeń i królem wszechmogącym, i błagałem Go, mówiąc: 'Pamiętaj o mnie, Panie, kiedy wejdziesz do twego królestwa!' I natychmiast przyjął moją prośbę i rzekł: 'Amen, mówię tobie, dziś ze Mną będziesz w raju'. I dał mi ten znak krzyża, mówiąc: 'Niosąc go, idź do raju i nie odpędzi cię od wejścia anioł strażnik raju: pokaż mu tylko ten znak krzyża i powiedz mu: <Jezus Chrystus, Syn Boga, który teraz jest ukrzyżowany, przekazuje mnie tobie>'. Gdy to uczyniłem i rzekłem to do anioła raju, natychmiast otworzył mi i umieścił mnie po prawej stronie raju, mówiąc: 'Nuże, poczekaj chwilkę, a wejdzie Adam, ojciec całego rodzaju ludzkiego ze wszystkimi swoimi synami, świętymi i sprawiedliwymi Chrystusa, Pana ukrzyżowanego'». Gdy wszystkie te słowa łotra usłyszeli wszyscy patriarchowie i prorocy, zawołali jednym głosem: «Bądź błogosławiony, Panie Wszechmogący, Ojcze wieczności, Ojcze miłosierdzia, który dałeś tak wielką łaskę nam, twoim grzesznikom, i wprowadziłeś nas do łaski raju, na żyzne pastwiska, bo ty jesteś najpewniejsze życie duchowe. Amen. Alleluja!»

ZAKOŃCZENIE OPOWIEŚCI O OTCHŁANI

To są boskie i święte tajemnice, które widzieliśmy i słyszeliśmy, ja Karinus i Leucius, bracia rodzeni. Nie pozwolono nam jednak opowiadać innych tajemnic Pana, bo ostrzegając nas, powiedział do nas Michał Archanioł: «Idźcie z waszymi braćmi do Jerozolimy i tam spędzicie czas na modlitwie, wołając i sławiąc zmartwychwstanie Pana Jezusa Chrystusa, który zmartwychwstając, powołał z sobą i was, martwych, do życia. Z żadnymi jednak ludźmi nie będziecie rozmawiali i będziecie jak niemi, aż nadejdzie godzina, gdy sam Pan pozwoli wam objawić tajemnice swojej boskości». Nam zaś nakazał Michał Archanioł, byśmy poszli za Jordan, na miejsce bogate i żyzne, gdzie znajduje się wielu z tych, którzy z nami zmartwychwstali, by dać świadectwo zmartwychwstania Pańskiego. Jednak tylko na trzy dni otrzymaliśmy pozwolenie powstać z martwych, aby obchodzić w Jerozolimie uroczyście Paschę Pańską z żyjącymi rodzicami naszymi na świadectwo zmartwychwstania Chrystusa Pana. I zostaliśmy ochrzczeni w wodach świętej rzeki Jordanu i każdy z nas przyjął białe szaty. A po trzech dniach, po uroczystym obchodzie Paschy Pańskiej, zostali porwani na chmurach wszyscy, którzy z nami razem zmartwychwstali i którzy udali się za Jordan, i nikt już ich więcej nie widział. To są właśnie sprawy, które Pan kazał nam przekazać. Oddajcie Mu cześć, wyznajcie Go i czyńcie pokutę, aby się zmiłował nad wami. Pokój wam od samego Pana Jezusa Chrystusa, Zbawcy nas wszystkich. Amen".

I powstali, gdy wszystko wypełnili, a pisali każdy w osobnym tomie. Karinus złożył na ręce Ananiasza, Kajfasza i Gamaliela to, co napisał w tomie. Podobnie Leucius złożył na ręce Nikodema i Józefa to, co napisał w tomie. I natychmiast przemienili się, zajaśnieli wielkim światłem, i więcej ich już nie widziano. Stwierdzono natomiast, że ich pisma były jednakowe: ani o jedną literę mniej, ani więcej! Gdy więc wszystkie te nadzwyczajne opowiadania usłyszało całe zgromadzenie Żydów, zdumiewali się i mówili jeden do drugiego: „Zaiste, to wszystko zostało uczynione przez Pana. Błogosławiony Pan na wieki wieków. Amen". I wszyscy wyszli z synagogi wielce zatroskani, pełni strachu i lęku, bijąc się w piersi, i każdy odszedł do siebie.

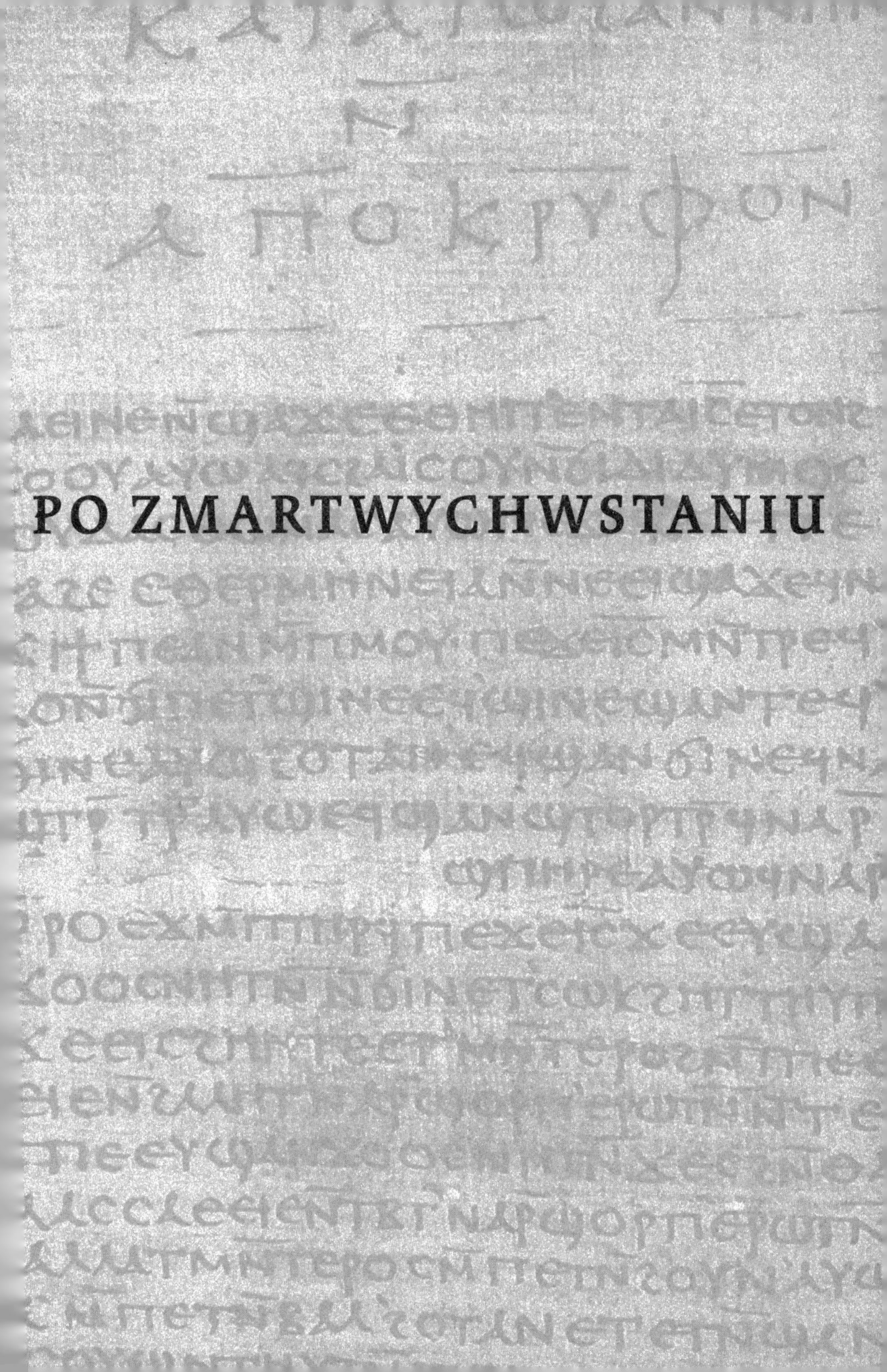

PO ZMARTWYCHWSTANIU

RAPORT PIŁATA

Raport [Anafora] Piłata, namiestnika, o Panu naszym Jezusie Chrystusie, wysłany do Augusta cesarza, który mieszka w Rzymie

W owym czasie, gdy za Poncjusza Piłata, namiestnika Palestyny i Fenicji, został ukrzyżowany Pan nasz, Jezus Chrystus, ułożono w Jerozolimie te oto wspomnienia, dotyczące tego, co uczynili Żydzi przeciw Panu; Piłat zaś przesłał je wraz ze swoim raportem cesarzowi w Rzymie i tak napisał:

„Najpotężniejszemu, najczcigodniejszemu, boskiemu, przed którym wszyscy drżą, cesarzowi Augustowi, Piłat, sprawujący władzę we wschodniej prowincji.

Otrzymałem doniesienie, o najpotężniejszy, które pogrążyło mnie w lęku i drżeniu. W prowincji bowiem, którą zarządzam, gdzie jedno z miast nazywa się Jerozolima, cały lud żydowski wydał mi pewnego człowieka imieniem Jezus. Podniesiono przeciw Niemu wiele oskarżeń, których jednak nie mogli poprzeć silnymi argumentami. Istnieje jednak stronnictwo występujące przeciw Niemu, ponieważ Jezus głosił im, że szabat nie jest dniem spoczynku ani też nie należy go zachowywać. I dokonał On wielu uleczeń właśnie w tym dniu: sprawił, że ślepi widzieli, że kulawi chodzili, martwych wskrzeszał, trędowatych oczyszczał, uzdrawiał paralityków, tym, którzy całkowicie nie mogli się poruszać ani też utrzymać się na stojąco, a jedynie wydawali głos artykułowany, dał moc, że mogli nie tylko chodzić, ale i biegać: jednym słowem oddalał choroby. A w końcu uczynił jeszcze inny potężny znak, zupełnie przekraczający możliwość naszych bogów: wskrzesił zmarłego w cztery dni po śmierci, zawoławszy nań jedynie słowem; a zmarłemu już krew się była rozłożyła i psuł się, bo robaki powstawały w jego ciele i śmierdział już psim zapachem. Ujrzał go leżącego w grobie i kazał mu biec. A on, jakby niemający nic wspólnego z umarłym, wyszedł z grobu tak, jak oblubieniec wychodzi z komnaty, napełniając wszystko cudownym zapachem. A cudzoziemców, którzy byli z pewnością opętani przez Szatana, a zamieszkujących pustynię, pożerających własne ciało i postępujących podobnie do płazów lub do bydła, uczynił mieszkańcami miast, a słowem swoim sprawił, że stali się roztropnymi i okazali się mądrymi i szanowanymi i że mogli żyć razem z wrogami duchów nieczystych; a że one były dla nich zgubne, pogrążył je w głębokościach morskich. I znowu znalazł się ktoś mający suchą rękę i nie tylko rękę, ale raczej połowa ciała tego człowieka była jak skamieniała: nie posiadał on ani kształtu mężczyzny, ani nawet formy ciała: tego słowem uleczył i przywrócił mu zdrowie. Była też pewna niewiasta cierpiąca od dłuższego czasu na upływ krwi, który wyniszczył jej ścięgna i żyły tak, że nie miała już ludzkiego ciała i stała się podobna do trupa. Często brakowało jej głosu, a wszyscy lekarze nie byli w stanie jej uleczyć z tego krwotoku, więc nie została jej już żadna nadzieja z życia. A gdy Jezus przechodził, w tajemnicy zaczerpnęła mocy z Jego cienia, a gdy dotknęła się z tyłu skraju Jego szaty, natychmiast, tejże godziny, zostały zaleczone jej rany i jakby nigdy nie cierpiała żadnej choroby, poczęła żwawo biec do swego miasta Kafarnaum, a przebyła tę drogę w sześć dni. A to, co opowiedziałem, mając to w umyśle tak, jak mi przedstawiono, dokonał Jezus w sobotę. Uczynił i inne i potężniejsze znaki i tak zrozumiałem, że te cuda, które czynił, są większe od tych, których dokonują czczeni przez nas bogowie.

Jego to wydali mi Herod i Archelaus, i Filip, Annasz i Kajfasz, i cały lud; a wywierali na mnie wielki nacisk, abym Go skazał. Nakazałem więc, aby Go ukrzyżowano: najpierw jednak ubiczowałem Go, choć nie znalazłem przeciw Niemu ani złych czynów, ani winy, o które Go oskarżono. A gdy Go ukrzyżowano, ciemności zapadły na cały zamieszkały świat: słońce zaćmiło się pośrodku dnia, a gwiazdy jaśniały, ale nie wydawały blasku, księżyc stracił jasność i stał się jakby pokryty krwią; świat podziemia został wchłonięty, a gdy się to działo, znikło z oczu to, co jest nazwane przez Żydów Święte Świętych świątyni, i ujrzano, jak wśród huku piorunów rozwarła się czeluść ziemi. Wśród tego lęku pojawili się umarli, którzy zmartwychwstali – jak o tym świadczyli sami Żydzi – i mówili, że są to Abraham, Izaak i Jakub, i dwunastu patriarchów, i Mojżesz, i Hiob, którzy już umarli, jak oni sami to mówią, przed trzema i pół tysiącami lat. I wielu spośród nich, których i ja widziałem, ukazywali się w ciele i wypowiadali żale nad Żydami z powodu uczynionego przez nich bezprawia i nad zgubą Żydów i ich Prawa. Strach spowodowany trzęsieniem ziemi trwał od godziny szóstej Dnia Przygotowania aż do godziny dziewiątej. A gdy zapadł zmierzch pierwszego dnia tygodnia [szabatu], rozległ się z nieba huk, a niebo stało się siedmiokroć jaśniejsze niż każdego dnia. O trzeciej godzinie ujrzano słońce, a nigdy nie błyszczało ono jaśniej, oświecając całe niebo. A jak w zimie nagle pojawiają się błyskawice, tak pojawił się tłum wyniosłych mężów odzianych w szaty i w chwałę i wołali, a głos ich był jakoby potężnego gromu:

«Powstał z martwych Jezus ukrzyżowany. Przybywajcie wy, którzy jesteście uwięzieni jako niewolnicy w głębinach Hadesu!» A czeluść ziemi była jakby bez dna, ogromna, zdawało się więc, że same fundamenty ziemi mieszały się z wołającymi w niebiosach i chodzącymi w swym ciele pośrodku tych, którzy powstali z martwych. A ten, który wskrzesił wszystkich zmarłych i rozwiązał Hades, rzekł: «Powiedzcie uczniom moim: 'Wyprzedzi was do Galilei – tam Go ujrzycie'». Przez całą noc nie zgasło jaśniejące światło. Liczni Żydzi zginęli wchłonięci przez czeluść ziemi, tak że wielu spośród tych, którzy występowali przeciw Chrystusowi, nazajutrz nie znaleziono. Widziano również objawienia postaci zmartwychwstałych, których nikt nigdy nie widział. W samej Jerozolimie nie pozostała nawet jedna synagoga Żydów, wszystkie bowiem w tej klęsce stały się niewidzialne. Wychodzę z siebie przez ów lęk i straszne drżenie; a to, co ujrzałem w owej godzinie, spisałem i doniosłem twej mocy, spisawszy to, co Żydzi uczynili przeciw Jezusowi. Wysłałem to twojej boskości, o Panie".

LOSY MARYI

Transitus Melitona z Sardes, 1

Gdy więc Pan i Zbawiciel Jezus Chrystus, za życie całego świata przybity gwoździami, zawisł na drzewie krzyża, ujrzał Matkę stojącą koło krzyża i Jana Ewangelistę, którego miłował ponad wszystkich Apostołów, ponieważ tylko on pośród nich był niewinnym na ciele. Przekazał więc jemu troskę o świętą Maryję, mówiąc doń: „Oto matka twoja"; do niej natomiast powiedział: „Oto twój syn".

Od tej chwili święta Boża Rodzicielka pozostawała w szczególnej pieczy Jana, jak długo przebywała na obczyźnie tego życia. I gdy Apostołowie wylosowali krainy, w których mają głosić Ewangelię, ona pozostała w domu jego rodziców, koło Góry Oliwnej.

Tak więc pewnego dnia w drugim roku od chwili, gdy Chrystus po przezwyciężeniu śmierci wstąpił do nieba, Maryja, płonąc pragnieniem [spotkania] Chrystusa, gdy była sama w swoim mieszkaniu, poczęła płakać. I oto anioł jaśniejący odzieniem wielkiego światła stanął przed nią i wypowiedział słowa powitania, mówiąc: „Bądź pozdrowiona błogosławiona od Pana, przyjmij pozdrowienie tego, który posłał zbawienie Jakubowi, przez swoich proroków. Oto – mówi – gałąź palmy, przyniosłem ci ją z raju Pańskiego. Rozkaż, aby poniesiono ją przed twymi marami, gdy trzeciego dnia zostaniesz wzięta z ciałem. Oto bowiem oczekuje cię Syn twój z tronami i aniołami, i wszystkimi mocami nieba".

Transitus Melitona z Sardes, 2

Wtedy Maryja rzekła do anioła: „Proszę, aby zgromadzili się przy mnie wszyscy Apostołowie Pana Jezusa Chrystusa". Na to anioł [rzecze]: „Oto – mówi – jeszcze dziś mocą Pana mojego Jezusa Chrystusa przybędą do ciebie wszyscy Apostołowie". Rzekła doń Maryja: „Proszę cię, abyś mi zesłał swoje błogosławieństwo, aby żadna moc piekielna nie zabiegła mi drogi w owej godzinie, gdy dusza moja wyjdzie z ciała, i abym nie ujrzała księcia ciemności". I rzekł anioł: „Żadna moc piekielna nie zaszkodzi tobie, a błogosławieństwo wieczne dał ci Pan Bóg twój; ja jestem natomiast tylko jego sługą i zwiastunem; nie sądź więc, że ja mogę sprawić, iż nie ujrzysz księcia ciemności, uczynić to może tylko ten, którego nosiłaś w łonie – On ma bowiem wielką moc na wieki wieków". To powiedziawszy, odszedł anioł w wielkim blasku.

Maryja powróciła do swego domu, a on natychmiast
Transitus R, 9
zadrżał z powodu chwały palmy, którą miała w swym ręku. Potem Maryja weszła do swej ukrytej komory i złożyła palmę na drogocennym prześcieradle. Wziąwszy wody, umyła się i wznosząc modlitwy dziękczynne, włożyła inne szaty, mówiąc:

„Wysławiam Ciebie, który jesteś znakiem objawionym
Transitus R, 9-12
z nieba na ziemi, nim mnie wybrałeś i zamieszkałeś we mnie. Wysławiam Ciebie i moich przodków, którzy mnie przyjęli i przyszli niewidzialnie przed Tobą, aby Cię wprowadzić. Wysławiam Ciebie, gdyż przeznaczyłeś mnie w mocy dla [ukształtowania] członków Twego ciała i uczyniłeś mnie godną pocałunku Twojej komnaty ślubnej, jak mi to przepowiedziałeś. Wysławiam Cię, abym się stała godną [uczestnictwa] w doskonałej ofierze dziękczynnej i w Twej ofierze wonności, która jest zyskiem wszystkich ludzi. Wysławiam Ciebie, bo dałeś mi odzienie, które przyobiecałeś w słowach: «Po nim zostaniesz poznana przez swych krewnych», i sprawiasz, że będę przeniesiona aż do siódmego nieba, abym się stała godną, wraz ze wszystkimi, którzy w Ciebie wierzą, Twojej pełnej wonności, abyś ich wraz ze mną zgromadził do królestwa Twego, bo Ty jesteś ukryty pomiędzy ukrytymi, widząc niewidzialnych. Ty jesteś rodzajem ukrytym i Ty znowu jesteś pełnią, i Ty jesteś pełnością, i Ciebie najpierw w bólach zrodziłam i wszystkich, którzy ufają w Tobie. Wysłuchaj modlitwy Matki, która woła do Ciebie. Usłysz mój głos i ześlij na mnie Twe błogosławieństwo; i niech

żadna moc nie przyjdzie do mnie w owej chwili, w której opuszczę moje ciało, ale wypełnij to, co powiedziałeś, gdy płakałam przed Tobą, mówiąc: «Spraw, abym ominęła moce nachodzące moją duszę». I obiecałeś mi to w słowach: «Nie płacz, Matko moja, Maryjo, bo nie aniołowie przyjdą po ciebie ani archaniołowie, ani Cherubini, ani Serafini, ani żadne inne Moce, ale Ja sam przyjdę po twoją duszę». Teraz właśnie cierpienie przybliżyło się do rodzącej. Wysławiam Ciebie i troje sług wysłanych od Ciebie na posługę trzech dróg. Wysławiam Ciebie i światło wieków, w których zamieszkujesz. Wysławiam wszystko to, co posadziła Twoja ręka, która trwa na wieki. Święty, Święty ten, który spoczywa wśród świętych: wysłuchaj głosu mej modlitwy".

A palma owa jaśniała wielkim światłem. Wtedy Maryja zdjęła szaty i włożyła na siebie piękniejsze. I wzięła palmę, którą otrzymała z ręki anioła, wyszła na Górę Oliwną i poczęła się modlić, mówiąc: „Nie byłabym, Panie, godna przyjść do Ciebie, gdybyś Ty nie zmiłował się nade mną, a jednak strzegłam skarbu, który mi powierzyłeś. Dlatego też proszę Cię, Królu chwały, aby mi nie zaszkodziła moc Gehenny. Jeśli bowiem aniołowie codziennie drżą przed Tobą, to ileż bardziej człowiek uczyniony z ziemi, który nie ma w sobie nic dobrego, jak tylko to, co otrzymał z Twojej świętej szczodrobliwości. Ty jesteś, Panie, Bogiem zawsze błogosławionym na wieki". I to powiedziawszy, powróciła do mieszkania.

Transitus Melitona z Sardes, 3

SPOTKANIE Z APOSTOŁAMI

I oto nagle, gdy święty Jan wygłaszał kazanie o godzinie trzeciej w Efezie, powstało wielkie trzęsienie ziemi i chmura podniosła go, i zabrała sprzed oczu wszystkich, i doniosła do bramy domu, gdzie znajdowała się Maryja. I zapukawszy do bramy, natychmiast wszedł. Gdy go ujrzała Maryja, rozradowała się radością i rzekła: „Proszę cię, synu Janie, pamiętaj na słowa Pana mojego Jezusa Chrystusa, który polecił mnie Tobie. Oto bowiem za trzy dni opuszczę ciało, a słyszałam o zamiarach Żydów, którzy mówili: «Czekajmy dnia, gdy umrze, która nosiła owego zwodziciela; spalimy wtedy jej ciało w ogniu»".

Transitus Melitona z Sardes, 4

Zawołała więc świętego Jana i wprowadziła go do ukrytej komnaty w domu, i pokazała mu szatę [przygotowaną] na pogrzeb i tę palmę świetlistą, którą przyjęła od anioła, napominając, aby się zatroszczył, by palmę ową niesiono przed jej marami, gdy udadzą się do grobowca.

Rzekł do niej święty Jan: „W jaki sposób ja sam przygotuję tobie pogrzeb, jeśli nie przybędą bracia i współapostołowie Pana mojego Jezusa Chrystusa, by oddać cześć twoim zwłokom?" I oto natychmiast, z boskiego rozkazu, wszyscy Apostołowie zostali uniesieni i porwani na chmurach z miejsc, w których głosili słowo Boże, i zostali złożeni przed bramą domu, w którym zamieszkiwała Maryja.

Transitus R, 22

Byli oni w liczbie dwunastu i siedzieli na obłokach. Pierwszy Piotr, drugi Paweł – on także został przyniesiony na obłoku; był on zaliczony do grona Apostołów, bowiem wtedy właśnie otrzymał był od Boga pierwociny wiary. Po nim pozostali Apostołowie spotkali się razem na obłokach i przybyli do drzwi [domu] Maryi, pozdrowili się, bacznie się sobie przyglądali i zdumiewali się, jak to się stało, że spotkali się razem.

I odpowiadając, powiedział Piotr: „Bracia, módlmy się do Boga, który nas zgromadził, szczególnie dlatego, że brat Paweł – radość naszej duszy – znajduje się razem z nami. Zaiste, bracia, wypełnia się pismo proroka i słowa tego, który mówi: «Oto cóż jest piękniejsze i bardziej radosne nad to, gdy bracia przebywają razem»". Rzekł Paweł do Piotra: „Znalazłeś właściwe świadectwo, ja bowiem byłem oddzielony, a zostałem sprowadzony do wspólnoty Apostołów". Wtedy Piotr zwrócił się do nich, aby wypowiedzieli słowa modlitwy. I Apostołowie podnieśli swe głosy, mówiąc: „Nuże, módlmy się, aby zostało nam objawione, po co nas tu Bóg zgromadził". I gdy spierali się pomiędzy sobą, kto ma być uznany za godnego do wypowiedzenia słów modlitwy, powiedzieli do Piotra: „Ojcze Piotrze, ty jesteś postawiony nad nami; to ty, a nie my, powinieneś odmówić modlitwę". Rzekł Piotr: „Bóg i Ojciec nasz, i Pan nasz Jezus Chrystus niech wam da chwałę, tak jak we mnie jest czczony mój urząd. Pobłogosławcie mnie, jeśli zechcecie".

Transitus R, 23

Wtedy Piotr wyciągnął swe ręce i powiedział:

Boże, władco, który siedzisz na wozie Cherubinów,
Który siedzisz na wysokościach i spoglądasz na niskości,
Który zamieszkujesz światło niedostępne w spoczynku wieków,
Tajemnico zakryta, w której został ukazany zbawczy krzyż.
Dlatego też my, czyniąc to, wyciągamy ręce na kształt krzyża,
abyśmy w poznaniu go osiągnęli spoczynek,

Transitus R, 24-25

bo Ty jesteś odpoczynkiem dla znużonych członków,
Ty prowadzisz do końca trudne prace,
Ty jesteś skarbem ukrytym,
Ty w nas zaszczepiłeś swą dobroć.
Któż bowiem z bogów, jak Ojciec Twój, pełen miłosierdzia,
bo nie odwracasz od nas swej łaskawości?
Któż litujący się jest podobny do Ciebie, który jesteś tak
miłosierny jak Twój Ojciec, ponieważ wyzwoliłeś
od nieszczęść tych, którzy ufają w Tobie?
Twoja wola zwyciężyła wszelką żądzę.
Wiara, która od Ciebie pochodzi, zmiażdżyła kłamstwo.
Twoje piękno zwyciężyło złudny powab,
Twoja pokora obaliła wszelką pychę,
Ty, który jesteś życiem, zwyciężyłeś śmierć,
Tyś jest naszym odpoczynkiem, bo wykorzeniłeś śmierć,
Tyś jest chwałą miłosierdzia, zesłaną nam od Ducha Ojca
Prawdziwego. Emanuelu, Emanuelu, Maranatha:
teraz i na wieki wieków. Amen.

Transitus R, 22-26

Gdy on wyrzekł „Amen", Piotr i Andrzej uścisnęli się nawzajem. I [stanął] pośrodku nich Jan, i rzekł: „Pobłogosławcie mnie wszyscy". Wtedy wszyscy uścisnęli się wzajemnie, każdy według swego miejsca.

Transitus Melitona z Sardes, 4

I witając się nawzajem, dziwili się i mówili: „Z jakiego powodu zgromadził nas tu Pan?"

Transitus R, 26-27

Odpowiadając, rzekł Jan: „Słuchajcie, co mi się przydarzyło: Stało się to, gdy byłem w mieście Sardes. Mając dwudziestu ośmiu uczniów, którzy wierzyli w Zbawiciela, zostałem podniesiony na chmurze spomiędzy nich. Działo się to o dziewiątej godzinie i oto chmura zstąpiła w miejsce, na którym znajdowaliśmy się, porwała mnie i przyniosła mnie tu. Gdy zapukałem do drzwi, otworzono mi i znalazłem wielki tłum wokół Maryi, matki naszej, a ona mówiła: «Opuszczę ciało». Nie mogłem dłużej pozostawać w tłumie, który znajdował się wokół niej, a płacz przygniótł mnie jakby wielkim ciężarem. Teraz przeto, bracia moi, skoro rozpoczyna się dzień następny, nie płaczcie, aby ona nie przelękła się – spełnia się bowiem to, o czym pouczył mnie nasz Nauczyciel, gdy spoczywałem na Jego piersi w czasie wieczerzy – i aby nie doznały rozdwojenia serca tłumy, które znajdują się koło niej, i aby na widok naszego płaczu nie mówili: «I oni też lękają się śmierci», ale pocieszajmy się słowami Ukochanego".

Wtedy wszyscy Apostołowie radowali się jednogłośnie i odmówili swą modlitwę. A gdy rzekli „Amen", oto natychmiast przybył błogosławiony Jan i powiedział im to wszystko. Weszli więc Apostołowie do domu i znaleźli Maryję, i pozdrowili ją, mówiąc: „Błogosławionaś ty od Pana, który uczynił niebo i ziemię". A ona rzekła do nich: „Pokój z wami, bracia najukochańsi, jakżeż tu przybyliście?" Oni opowiedzieli jej, w jaki sposób każdy z nich przybył uniesiony przez Ducha Świętego na chmurach i został tu złożony. Ona rzekła do nich: „Nie oszukał mnie Bóg przed waszym obliczem. Oto wchodzę na drogę całej ziemi i nie wątpię, że teraz was tu sprowadził, aby nieść mi pocieszenie w ciężkich chwilach, które na mnie przyjdą. Teraz więc proszę was, abyście bez przerwy wszyscy razem czuwali aż do owej godziny, w której Pan przybędzie, a ja opuszczę ciało".

Transitus Melitona z Sardes, 5

I odpowiadając, rzekł Piotr do Apostołów: „Niech każdy [z nas] opowie dokładnie Matce Pana naszego to, co mu Duch Święty objawił i nakazał". [Jan rzekł]: „Gdy

Transitus Jana Teologa, 16–25

podszedłem do świętego ołtarza w Efezie, aby sprawować liturgię, Duch Święty rzekł do mnie: «Zbliża się odejście Matki Pana twego: udaj się do Betlejem, aby ją pozdrowić». I chmura światła porwała mnie, i postawiła koło bramy, za którą ty spoczywasz". Odpowiedział Piotr: „A ja przebywałem w Rzymie. O świcie usłyszałem głos Ducha Świętego, który powiedział do mnie: «Zbliża się czas, że Matka Pana twego ma opuścić świat. Udaj się do Betlejem, aby ją pozdrowić». I oto chmura światła porwała mnie, i ujrzałem pozostałych Apostołów dążących na chmurach ku mnie, i usłyszałem głos skierowany do mnie: «Wszyscy udajcie się do Betlejem»". Odpowiadając, Paweł rzekł: „Ja właśnie przebywałem w mieście bardzo odległym od Rzymu – Tyberia nazywa się owa ziemia – gdy usłyszałem, jak Duch Święty powiedział do mnie: «Matka Pana opuszcza ten oto świat ku niebu i dokonuje swego biegu ku śmierci; udaj się więc i ty do Betlejem, aby ją pozdrowić». I oto chmura światła porwała mnie, i ustawiła mnie tu, jak i was". Odpowiadając, Tomasz rzekł: „Przybyłem z krainy Indii, gdzie dzięki łasce Chrystusa umacnia się [Jego] nauka. Gdy w pałacu miał właśnie przyjąć pieczęć chrztu syn siostry króla imieniem Labdanos, nagle Duch Święty rzekł do mnie: «I ty, Tomaszu, udaj się do Betlejem, aby pozdrowić Matkę Pana twego, gdyż dopełnia się jej odejście do niebios». I chmura świetlna pochwyciła mnie, i postawiła mnie przy was". Odpowiadając, Marek rzekł: „A ja odprawiłem właśnie modlitwy tercji w Aleksandrii i w czasie modlitwy Duch Święty porwał mnie i przyprowadził do was". Odpowiadając, Jakub rzekł: „Ja, gdy byłem w Jerozolimie, Duch Święty zwrócił się do mnie ze słowami: «Udaj się do Betlejem, ponieważ dokonuje się odejście Matki Pana». I oto chmura światła porwała mnie i postawiła tu, koło was". Odpowiadając, Mateusz rzekł: „Ja sławiłem i sławię Boga, ponieważ gdy byłem na statku płynącym po morzu wzburzonym strasznymi bałwanami, nagle chmura światła okryła zamęt burzy i uciszyła ją, mnie natomiast porwała i postawiła koło was". Odpowiedzieli również i ci, którzy byli już odeszli [z tego świata], i również opowiedzieli, jak tu przybyli. Rzekł Bartłomiej [również]: „Ja byłem w Tebaidzie i głosiłem naukę [Pana], i oto Duch Święty rzekł do mnie: «Matka Pana gotuje się do odejścia; udaj się, aby ją pozdrowić w Betlejem». I oto chmura światła porwała mnie, i zaprowadziła mnie do was". To wszystko mówili Apostołowie do świętej Bogurodzicy, jak i jakim sposobem tu przybyli. A ona, wyciągnąwszy ręce, modliła się tymi słowami: „Uwielbiam Cię, wyśpiewuję hymn i wychwalam najsławniejsze imię Twoje, o Panie, ponieważ spojrzałeś na pokorę swojej służebnicy i uczyniłeś mi wielkie rzeczy, Ty, który jesteś potężny. I oto błogosławić mnie będą wszystkie pokolenia".

PRZYBYCIE JEZUSA

Transitus Melitona z Sardes, 6

Gdy siedzieli wkoło, pocieszając ją, i trwali trzy dni na modlitwie pochwalnej, oto trzeciego dnia, około godziny trzeciej, na wszystkich, którzy byli w tym domu, spadł sen i nikt nie mógł czuwać, jak tylko Apostołowie i trzy dzieweczki, które tam były. I oto natychmiast przybył Pan z wielkim mnóstwem aniołów, i blask wielki zstąpił na owo miejsce, i byli tam aniołowie, którzy śpiewali hymny i chwalili Pana. Wtedy Zbawiciel powiedział te słowa: „Przybądź, najcenniejsza perło, wejdź do przybytku życia wiecznego".

Transitus Melitona z Sardes, 7

Wtedy Maryja padła twarzą na posadzkę, wielbiąc Boga, i rzekła: „Błogosławione jest imię twojej chwały, Panie i Boże mój, który raczyłeś wybrać mnie, Twoją służebnicę, i powierzyć mi głębię twojej tajemnicy. Pamiętaj więc o mnie, Królu Chwały. Ty bowiem wiesz, że Cię ukochałam całym sercem i strzegłam powierzonego mi skarbu. Przyjmij przeto mnie, twoją służebnicę, i wyzwól mnie od potęg ciemności, aby na drodze nie napadł mnie Szatan i abym nie widziała szpetnych duchów, które mi stanęły na drodze".

Odpowiedział jej Zbawiciel: „Gdy posłany od Ojca dla zbawienia zawisłem na krzyżu, przybył do mnie książę ciemności, a gdy nie znalazł we mnie nawet śladu swojego dzieła, odszedł zwyciężony i zdeptany. Ty ujrzysz go – a ujrzysz go prawem śmierci rodu ludzkiego, przez które przypada ci także śmierć – ale on tobie nie może zaszkodzić, bo ja jestem z tobą, abym cię wspierał. Przejdź bezpiecznie, bo oczekuje cię wojsko niebieskie, aby cię wprowadzić w radości raju.

Transitus Jana Teologa, 39–44

I rzekł Pan, zwróciwszy się do swojej Matki: „Maryjo!" I odpowiadając, rzekła: „Oto ja, Panie". I rzekł do niej Pan: „Nie żałuj, lecz niech serce twoje napełni się radością: znalazłaś bowiem łaskę, by ujrzeć chwałę daną mi przez mego Ojca". I spojrzawszy nań, święta Matka Boga ujrzała w Nim taką chwałę, jakiej język ludzki nie jest w stanie wypowiedzieć ani też uchwycić. Pan zaś pozostał przy niej, mówiąc: „Oto teraz zostanie twoje drogocenne ciało przeniesione do raju, a święta twoja dusza do niebios, do skarbów Ojca mojego, do nadprzyrodzonej światłości, gdzie panuje spokój, radość świętych aniołów i jeszcze więcej". Odpowiadając, Matka Pana rzekła doń: „Włóż na mnie twoją prawicę, o Panie, i pobłogosław mnie!" Pan, wyciągnąwszy swoją niepokalaną prawicę, pobłogosławił ją. Ona zaś, ujrzawszy Jego niepokalaną prawicę, ucałowała ją, mówiąc: „Uwielbiam tę oto prawicę, która stworzyła niebo i ziemię, i wzywam Twego imienia wysławianego, Chryste, Boże, Królu wieków, jednorodzony Ojcze. Przyjmij Twą służebnicę, który raczyłeś narodzić się ze mnie, pokornej, aby zbawić rodzaj ludzki wedle swego niewypowiedzianego zrządzenia. Udziel Twojej pomocy każdemu człowiekowi, który wypowiada, modli się lub wzywa imienia Twojej służebnicy". Gdy ona tak mówiła, Apostołowie padli do jej stóp i oddawszy jej cześć, mówili: „Matko Pana, zostaw światu błogosławieństwo, gdy z niego odchodzisz. Pobłogosławiłaś go i podniosłaś, gdy padał w ruinę, zrodziwszy światło świata". Matka Pana, modląc się, wypowiedziała takie słowa: „Boże, który w swej wielkiej dobroci zesłałeś z nieba swojego jednorodzonego Syna, aby zamieszkał w moim pokornym ciele, Ty, który raczyłeś się narodzić ze mnie, pełnej pokory, zmiłuj się nad światem i nad każdą duszą, która wzywa Twojego imienia". I znowu modliła się, mówiąc: „Panie, królu niebios, Synu Boga żywego, przyjmij modlitwę każdego człowieka, który wzywa Twojego imienia, aby zostało wsławione Twoje narodzenie". I dalej mówiła w modlitwie: „Panie Jezu Chryste, który posiadasz wszelką moc na niebie i na ziemi: tą modlitwą wysławiam Twoje święte imię. W każdym czasie i miejscu, gdzie jest sprawowane wspomnienie mojego imienia, niech będzie uświęcone owo miejsce. Daj chwałę tym, którzy sławią Cię moim imieniem, przyjmując wszelką ich ofiarę, wszelkie błaganie i wszelką modlitwę". Gdy ona tak się modliła, rzekł Pan do swojej Matki: „Niech serce twoje się rozraduje i napełni radością: wszelka łaska i wszelki dar dany jest tobie od Ojca mojego, który jest w niebiosach, i ode Mnie, i od Ducha Świętego. Wszelka dusza, która wzywa imienia twego, nie zostanie zawstydzona, ale znajdzie zmiłowanie i pocieszenie, i pomoc, i otuchę w tym obecnym życiu i w przyszłym wobec Ojca mojego, który jest w niebiosach". I Pan, zwróciwszy się do Piotra, powiedział: „Zbliża się czas, aby zacząć hymn". A gdy Piotr zaczął śpiewać hymn, wszystkie moce niebios odpowiedziały: „Alleluja".

PRZYJĘCIE DUSZY MARYI

Transitus Jana Teologa, 45

Wtedy oblicze Matki Pana rozbłysło bardziej niż słońce i podniósłszy się, pobłogosławiła własną ręką każdego Apostoła, a wszyscy oddali chwałę Bogu; a Pan, wyciągnąwszy swe święte i niepokalane ręce, przyjął jej świętą i przeczystą duszę. A w chwili wyjścia jej przeczystej duszy napełniło się owo miejsce zapachem i niewypowiedzianym światłem i usłyszano głos z nieba mówiący: „Błogosławionaś Ty między niewiastami".

Transitus Melitona z Sardes, 7

A Apostołowie ujrzeli, że jej dusza była otoczona takim blaskiem, że język śmiertelników nie może tego godnie wypowiedzieć; zaćmiła bowiem wszelką białość śniegu i wszelkiego metalu i srebra rzucającego blaski wielką jasnością światła.

Transitus Melitona z Sardes, 8

Wtedy rzekł Zbawiciel: „Powstań, Piotrze, i weź ciało Maryi, złóż je w prawej części miasta, na wschód, a znajdziesz tam nowy grób, w którym ją złożycie, i oczekujcie, aż do was przyjdę. To powiedziawszy, oddał Pan duszę świętej Maryi Michałowi, który był przełożonym raju i księciem ludu Izraelskiego, a Gabriel szedł za nim. I natychmiast Zbawiciel wraz z aniołami został przyjęty do raju.

POGRZEB CIAŁA MARYI

Wtedy trzy dzieweczki, które znajdowały się tam i czuwały, wzięły ciało Maryi i umyły je, jak zwykło się czynić dla pogrzebania. Gdy jednak obnażyły jej święte ciało z szat, zajaśniało ono takim blaskiem, że ledwo można je było dotknąć dla oddania czci, a nie można było zupełnie dojrzeć kształtu z powodu zbyt wielkiego światła jaśniejącego, ponieważ pojawił się wielki blask Pana i nie czuły, gdy myły najczystsze ciało, nieskalane nawet śladem brudu. Gdy odziały ją w suknie śmiertelne, stopniowo ściemniło się owo światło. A ciało Maryi było podobne do kwiatu lilii, a zapach, który zeń wychodził, był tak słodki, że podobnej słodkości nie podobna znaleźć.

Transitus Melitona z Sardes, 9

Wtedy więc złożył na mary święte ciało i mówili do siebie Apostołowie: „Kto poniesie tę palmę przed marami?" Wtedy rzekł Jan do Piotra: „Ty, który górujesz nad nami jako Apostoł, powinieneś nieść palmę przed jej łożem". Odpowiedział mu Piotr: „Ty jeden spośród nas zostałeś wybrany przez Pana jako jedyny żyjący w dziewiczej czystości i znalazłeś tak wielką łaskę, że spoczywałeś na Jego piersi. On też, gdy dla naszego zbawienia zawisł na drzewie krzyża, polecił ją tobie słowami własnych ust. Ty więc powinieneś nieść tę palmę, a my weźmiemy to ciało i poniesiemy aż do miejsca grobu".

Transitus Melitona z Sardes, 10

Następnie podniósł się Piotr [i powiedział]: „Weźcie ciało!", i począł śpiewać tymi słowami: „Wyszedł Izrael z Egiptu, Alleluja". Wraz z nim ciało błogosławionej Maryi nieśli pozostali apostołowie, a Jan niósł przed marami świetlistą palmę, pozostali natomiast Apostołowie śpiewali wielce słodkimi głosami.

Transitus Melitona z Sardes, 11

Oto nowy cud: nad marami pojawiła się bardzo wielka chmura, tak jak zwykł pojawiać się wielki krąg wokół jaśniejącego księżyca, a wojsko anielskie znajdowało się na chmurze, śpiewając słodkie pieśni, i rozbrzmiewała ziemia dźwiękami wielkiej słodkości. Wtedy z miasta wyszedł lud – niemalże piętnaście tysięcy – i dziwili się, mówiąc: „Cóż to za dźwięk tak bardzo słodki?"

Wtedy stanął jeden [z nich] i powiedział: „Maryja opuściła ciało i uczniowie Jezusa śpiewają wokół niej hymn pochwalny". I rozglądnąwszy się, ujrzeli mary ozdobione wielką chwałą i Apostołów śpiewających pełną piersią. I oto jeden z nich, który był pierwszym spośród kapłanów żydowskich w swojej zmianie, przepełniony gniewem i wściekłością rzekł do pozostałych: „Czyż przybytek tego, który wprowadził nieład u nas i w całym narodzie, ma doznawać tak wielkiej chwały?!" I zbliżywszy się, chciał wywrócić mary i zrzucić ciało na ziemię. Ale natychmiast uschły mu ręce i przylgnęły do mar. Gdy Apostołowie podnieśli mary, część jego zawisła, a część przylgnęła do mar i cierpiał straszliwą mękę, podczas gdy Apostołowie szli i śpiewali psalmy. A aniołowie, którzy byli na chmurach, dotknęli lud ślepotą.

Transitus Melitona z Sardes, 12

Wtedy ów pierwszy [spośród kapłanów] zawołał tymi słowami: „Błagam cię, święty Piotrze, nie opuszczaj mnie w tak wielkiej potrzebie, bo strasznie cierpię w wielkiej męce!

Pamiętaj, że gdy w pretorium dziewczyna odźwierna rozpoznała cię i rzekła innym, by ci ubliżali, wtedy ja przemówiłem za tobą". Wtedy w odpowiedzi rzekł Piotr: „Nie mogę ci dać nic innego; jeśli jednak wierzysz z całego serca w Pana Jezusa Chrystusa, którego ona nosiła w łonie i pozostała dziewicą po narodzeniu, to łaskawość Pana, który obfituje w dobroć i zbawia niegodnych, da tobie także zbawienie". Na to ów odpowiedział: „Czyż my nie wierzymy? Lecz cóż mamy czynić? Nieprzyjaciel rodzaju ludzkiego zaślepił nasze serca, a zmieszanie okryło nasze oblicza, abyśmy nie głosili wielkich czynów Boga, szczególnie gdy Mu bluźniliśmy, wołając przeciw Chrystusowi: «Krew Jego na nas i na syny nasze!»". Wtedy Piotr rzekł: „To przekleństwo zaszkodzi tylko temu, kto pozostanie niewiernym względem Niego; tym natomiast, którzy nawracają się do Boga, nie odmawia On swego miłosierdzia". A ów rzekł: „Wierzę w to wszystko, co mi mówisz, ale błagam cię tylko, zmiłuj się nade mną, abym nie umarł".

Wtedy Piotr kazał zatrzymać mary i rzekł do niego: „Jeśli wierzysz z całego swojego serca w Pana Jezusa Chrystusa, niech twe ręce uwolnią się od mar". I gdy tylko to powiedział, zostały uwolnione jego ręce od mar i stanął na swych nogach, ale ramiona jego pozostały uschnięte i nie odstąpiła od niego męka. Wtedy rzekł do niego Piotr: „Przystąp do ciała, ucałuj łoże i mów: «Wierzę w Boga i w Syna Bożego, którego ona nosiła – Jezusa Chrystusa, i wierzę we wszystko, cokolwiek powiedział mi Piotr, Apostoł Boży»". I przybliżywszy się, ucałował łoże, i natychmiast odstąpił od niego wszelki ból, i ręce jego zostały uzdrowione. Wtedy zaczął gorąco błogosławić Boga i świadczyć o Nim na podstawie ksiąg Mojżeszowych,

Transitus Melitona z Sardes, 13

tak wychwalając Chrystusa, że nawet sami Apostołowie dziwowali się i płakali z radości, wychwalając imię Pana.

Transitus Melitona z Sardes, 14

A Piotr rzekł do niego: „Weź tę palmę z ręki brata naszego Jana, a gdy wejdziesz do miasta, ujrzysz wielki tłum dotknięty ślepotą, i oznajmij im wielkie czyny Boga; ktokolwiek uwierzy w Pana Jezusa Chrystusa, temu włożysz na oczy palmę i przejrzy, a ci, co nie uwierzą, pozostaną ślepi". I gdy tak uczynił, znalazł tłum dotknięty ślepotą. I skarżyli się: „Biada nam, bo staliśmy się podobni mieszkańcom Sodomy dotkniętym ślepotą. Nie pozostaje nam nic innego, jak tylko zginąć". Gdy jednak usłyszeli słowa wypowiedziane przez pierwszego [spośród] kapłanów, który sam został uzdrowiony, uwierzyli w Pana Jezusa Chrystusa, i gdy nakładał im palmę na oczy, odzyskiwali wzrok. Pięciu spośród nich, którzy pozostali w zatwardziałości serca, umarło. I pierwszy spośród kapłanów powrócił do Apostołów, zwrócił im palmę i doniósł o wszystkim, co się przydarzyło.

Transitus Melitona z Sardes, 15

A Apostołowie, niosąc Maryję, doszli do Doliny Jozafata, na którą wskazał im Pan, i złożyli ją w nowym grobowcu, i zamknęli grób. Oni zaś siedli przy wejściu do grobowca, jak nakazał im Pan. I oto nagle przybył Pan, Jezus Chrystus, z wielkim wojskiem anielskim, jaśniejąc promieniami wielkiej światłości, i rzekł do Apostołów: „Pokój wam". A oni w odpowiedzi rzekli: „Niech Twoje miłosierdzie będzie z nami, Panie, jako że zaufaliśmy Tobie". Wtedy Zbawca rzekł do nich tymi słowami: „Nim wstąpię do Ojca mego, obiecałem wam tymi słowami, że wy, którzy szliście za Mną, w odrodzeniu, gdy Syn Człowieczy zasiądzie na tronie swego majestatu – zasiądziecie i wy na dwunastu tronach, sądząc dwanaście pokoleń Izraela. Tę tutaj wybrałem spośród pokoleń Izraela, za zrządzeniem Ojca mojego, aby w niej zamieszkał. Cóż więc chcecie, abym jej uczynił?"

Wtedy rzekł Piotr i inni Apostołowie: „Panie, wybrałeś najpierw tę oto służebnicę Twoją, by stała się dla Ciebie niepokalaną komnatą, a nas, Twoje sługi, byśmy Tobie służyli. Przed wszystkimi wiekami przewidziałeś razem z Ojcem i z Duchem Świętym, z którymi masz jedno Bóstwo równe i nieskończoną potęgę. Jeśliby więc to mogło się stać wobec mocy Twojej łaski, wydaje się nam, sługom Twoim, że jest rzeczą słuszną, aby tak jak Ty, przezwyciężywszy śmierć, królujesz w chwale, tak również ona po wskrzeszeniu ciała została doprowadzona pełna radości do nieba".

Wtedy rzekł Zbawiciel: „Niech się stanie według waszego zdania!" I nakazał Archaniołowi Michałowi, by przyniósł świętą duszę Maryi. I oto Michał Archanioł odwalił kamień od wejścia grobu, i rzekł Pan: „Przyjaciółka moja i bliska moja, która nie znalazłaś zepsucia przez współżycie, nie będziesz cierpiała rozkładu ciała w grobie". I natychmiast zmartwychwstała Maryja z grobu, i błogosławiła Pana, i padłszy do Jego stóp, powiedziała, wielbiąc Go: „Nie mogę Ci oddać godnego podziękowania, Panie, za Twoje niezmierne dobrodziejstwa, które raczyłeś udzielić mnie, Twojej służebnicy. Twoje imię, Zbawco świata, Boże Izraela, niech będzie błogosławione na wieki!"

Transitus Melitona z Sardes, 16

I ucałowawszy ją, odszedł Pan, i duszę jej przekazał aniołom, aby ją zanieśli do raju.

Transitus Melitona z Sardes, 17

I rzekł do Apostołów: „Przystąpcie do mnie!" I gdy przystąpili, ucałował ich i rzekł: „Pokój wam! Jak ja zawsze byłem z wami, tak będę aż do wypełnienia wieków". I natychmiast, gdy tylko Pan to wypowiedział, podniesiony na chmurze został przyjęty do nieba i wraz z Nim aniołowie, niosąc do raju błogosławioną Maryję. Apostołowie zaś, wzięci na chmury, powrócili, aby dalej głosić [naukę Chrystusa] w miejscach wylosowanych, i opowiadali wielkie czyny Pańskie, chwaląc Pana naszego Jezusa Chrystusa, który żyje i króluje z Ojcem i Duchem Świętym w jedności doskonałej i w jednej boskiej istocie na wieki wieków. Amen.

Niniejszy wybór daje tylko przedsmak lektury apokryfów i może zachęcić do ich rozumnego czytania.

Przekład najważniejszych apokryfów NT: *Apokryfy Nowego Testamentu 1–3*, Kraków 2017 (WAM), (t. 1,1–2: *Ewangelia Apokryficzne, Opis śmierci Maryi [Transitus]* – ten tom jest ważny dla Czytelników niniejszej „nieautoryzowanej biografii Jezusa", gdyż podaje w całości utwory, z których tu mamy tylko wyjątki; t. 2, 1–2 zawiera utwory poświęcone apostołom; t. 3 – *Listy i Apokalipsy* (z tego tomu również wzięto fragmenty); t. 4 poświecony jest apokryfom syryjskim, t. 5 to *Księga starożytności biblijnych*). Wszystkie teksty opatrzone są obszernymi wstępami i podają bogatą bibliografię. Popularne wprowadzenie do apokryfów: ks. M. Starowieyski, *Barwny świat apokryfów*, Poznań 2013 (św. Wojciech, podstawowa bibliografia 81–94). Bardzo dobre wprowadzenie do „apokryfów nowoczesnych": P. Beskow, *Osobliwe opowieści o Jezusie, analiza nowych apokryfów*, Kraków 2005 (WAM).

ŹRÓDŁA

Opracowane na podstawie wydania
Apokryfy Nowego Testamentu 1–3, Kraków 2017

Ewangelia arabska Jana – najobszerniejsza ewangelia apokryficzna obok *Ewangelii Barnaby*, będąca przekładem z języka syryjskiego. Jej podstawowe elementy sięgają przypuszczalnie II/III w., zaś przekład arabski pochodzi z VII/VIII w.

Tekst ewangelii poprzedzony jest wstępem, po którym następuje opis stworzenia świata i grzechu pierwszych rodziców, kończy się na wniebowzięciu Maryi i rozesłaniu uczniów i zawiera epilog. Jest to więc utwór obejmujący całość życia Pana Jezusa, umieszczonego w ramach stworzenia świata i początków Kościoła, niezawierający jednak opowiadania o narodzinach i dzieciństwie Maryi. Cechą charakterystyczną *Ewangelii arabskiej Jana* jest bardzo mocno wypunktowana polemika z islamem.

Ewangelia Dzieciństwa Arabska – utwór ludowy, powstały w środowisku arabskim. Parafraza syryjskiego *Żywota Maryi* powstałego ok. V w. Składa się z rozdziałów będących parafrazą *Protoewangelii Jakuba* (opis narodzin, dzieciństwa, zaślubin i zwiastowania Maryi, koniec dotyczący Zachariasza) oraz zawierających materiał oryginalny z elementami *Ewangelii Tomasza*. Tekst wyraźnie polemizuje z islamem (m.in. podkreślenie bóstwa i człowieczeństwa Chrystusa), mocno jest w nim też podkreślona cześć Maryi. Być może używano go w liturgii.

Ewangelia Dzieciństwa Ormiańska – tekst przełożony z języka syryjskiego, zawierający jednak wiele wyrażeń z języków arabskiego, perskiego i tureckiego. Czas powstania utworu nie jest znany – prawdopodobnie pochodził on z VI w. i został przywieziony do Armenii przez mnichów syryjskich. Składa się z 28 rozdziałów, z których pierwszych 7 stanowi parafrazę *Protoewangelii Jakuba* z licznymi dodatkami zaczerpniętymi z syryjskiego *Żywota Maryi*. Pozostałe rozdziały są parafrazą *Ewangelii Dzieciństwa Arabskiej*. Utwór charakteryzujący się rozwlekłością, złą kompozycją i schematycznością, cieszący się jednak swego czasu dużą popularnością.

Ewangelia gruzińska – jeden z nielicznych utworów apokryficznych przedstawiających całość życia Chrystusa. Tekst został przełożony z języka armeńskiego, natomiast nie sposób ustalić, gdzie i kiedy powstał. Zawiera elementy teologii pierwszych wieków chrześcijaństwa, ale też odniesienia do wypraw krzyżowych i terminy muzułmańskie, co pozwala stwierdzić, że narastał stopniowo. Jako miejsce powstania podaje się niekiedy Jerozolimę. Jest to utwór prosty, ludowy, opierający się na Ewangeliach kanonicznych i apokryfach, m.in. *Protoewangelii Jakuba*, *Ewangelii Dzieciństwa Ormiańskiej* czy korespondencji Chrystusa z królem Abgarem. Zachowany fragmentarycznie i w swoim układzie dość chaotyczny.

Ewangelia Nikodema – utwór powstały najprawdopodobniej w świecie łacińskim ok. VI w., zachowany również w języku greckim, cieszący się ogromną popularnością w średniowieczu. Bywał przepisywany wraz z księgami świętymi i czytywany w kościele w czasie nabożeństw. Uważano go za dokument historyczny. Składa się z trzech wyraźnych i swobodnie połączonych części: opisu procesu i męki Jezusa, opisu dziejów Dobrego Łotra oraz uwięzienia i wyzwolenia Józefa z Arymatei, a także sławnego *Zstąpienia do otchłani*. Jako pierwszego autora prawdopodobnie podawano Nikodema, którego potem zastąpiono Piłatem, dzięki czemu utwór urósł do rangi oficjalnego dokumentu.

Ewangelia Piotra – tekst grecki powstały przed 200 r., prawdopodobnie w Syrii. Do XIX w. znany jedynie ze świadectw Orygenesa, Euzebiusza z Cezarei oraz Filipa z Sydy – dopiero w 1886 r. odnaleziono fragment papirusu obejmujący opis wydarzeń od końca procesu przed Piłatem do początku objawień w Galilei. Ewangelia ta, której autor podaje się za św. Piotra Apostoła, jest bogata pod względem teologicznym: zawiera liczne odniesienia do Starego Testamentu, podkreśla wypełnienie się proroctw mesjańskich na Chrystusie. Utwór jest skierowany do Żydów, choć zawiera liczne elementy antyżydowskie. Są w nim obecne wpływy gnostycyzmu i judaizmu.

Ewangelia Pseudo-Mateusza – tekst łaciński pochodzący prawdopodobnie z pierwszej ćwierci VII w., najprawdopodobniej powstały w Galii, w kręgach rodzącego się monastycyzmu benedyktyńskiego. Początkowo był uważany za dzieło Apostoła Jakuba Mniejszego, jednak różne rękopisy jako autorów podawały również Brata Pańskiego, Mateusza oraz Apostoła Jana.

Pierwsza część utworu, będąca parafrazą *Protoewangelii Jakuba*, opowiada o narodzinach Maryi i Jezusa, natomiast druga mówi o ucieczce do Egiptu. Mimo swojej prostoty tekst zawiera interesujące elementy teologiczne. Autor podkreśla rolę Maryi w dziejach zbawienia i Jej dziewictwo przed oraz po porodzie oraz przedstawia Ją jako wzór życia zakonnego.

Ewangelia Tomasza (Dzieciństwa) – utwór grecki powstały prawdopodobnie w II lub III w. w środowisku gnostycko-dokeckim, być może w Palestynie lub Syrii. Jego najstarszy rękopis – łaciński – pochodzi z V w. W tej ewangelii znajdują się opisy cudów zdziałanych przez Jezusa Dziecko, które wykazują jego niezwykłą wiedzę lub moc. Często bywają one jednak okrutne, mają na celu olśnienie człowieka, a nie udzielenie mu pomocy. Tekst cieszył się ogromną popularnością i był wielokrotnie zmieniany, usuwano z niego fragmenty nieortodoksyjne, przez co fragmentami bywa niezrozumiały.

Korespondencja Longinusa z Augustem na temat Magów, wersja w *Scholionie* Teodora Bar Koni – utwór powstały najprawdopodobniej po syryjsku, przypuszczalnie pochodzący z V–VII w.

Jest to korespondencja mędrca lub filozofa o imieniu Longinus, autora księgi o fikcyjnych wojnach Rzymian przeciw Antiocheńczykom, z cesarzem Augustem. Dotyczy wizyty Magów w Betlejem.

Księga o narodzeniu Zbawiciela, i o Maryi, i o położnej – utwór powstały w czasach karolińskich, będący połączeniem łacińskiej parafrazy *Protoewangelii Jakuba* oraz utworu bliskiego *Ewangelii Pseudo-Mateusza* i rozdziałów stanowiących kompilację tekstów ewangelicznych.

Legenda o św. Janie Chrzcicielu przypisywana Serapionowi – tekst pochodzący prawdopodobnie z końca IV w. Jego autorstwo przypisuje się Serapionowi, biskupowi jednej z diecezji w Egipcie. Opisuje historię narodzenia Jana Chrzciciela, jego pobyt wraz z matką na pustyni, działalność nad Jordanem i opowiadanie o tym, co się stało z ciałem i głową świętego.

Legenda o św. Józefie cieśli – utwór powstały w języku greckim, zachowany w całości w języku koptyjskim, napisany ok. IV/V w. Powstał w wyniku rozwoju nabożeństwa do św. Józefa w Egipcie – zawiera m.in. modlitwy, wspomnienie celu kultowego oraz datę obchodzenia święta Józefa. Znajdują się w nim liczne refleksje na temat śmierci z naleciałościami judeochrześcijańskimi i gnostyckimi. Tekst zawiera opowiadanie Jezusa skierowane do uczniów zebranych na Górze Oliwnej i składa się z dwóch części. W pierwszej są opowiedziane dzieje Józefa w oparciu o *Protoewangelię Jakuba*, a w drugiej opis odejścia Józefa.

List Apostołów – utwór powstały w języku greckim w Egipcie lub Syrii, pochodzący z drugiej połowy II w. Jego tematem teologicznym jest Słowo, które stało się ciałem. Obok opisów scen z życia Zbawiciela zawiera również fragmenty dotyczące roli apostołów, szczególnie św. Pawła. Zawiera dużo cytatów z Biblii, choć niektóre opisy (m.in. zwiastowania i narodzenia) różnią się od tych przekazanych w Ewangeliach. Tekst wyraźnie skierowany przeciw gnostykom, szczególnie przeciw doketom odrzucającym realność ciała Chrystusa.

Opowiadanie Józefa z Arymatei – tekst powstały w IV/V w., związany z *Ewangelią Nikodema* (jeden z dodatków uzupełniających *Cykl Piłata*). Utwór jest nie tyle przedstawieniem postaci Józefa z Arymatei, ile raczej usprawiedliwieniem rosnącej czci Dobrego Łotra. Dzieli się na dwie części: „ciemności" (wydarzenia sprzed i w czasie ukrzyżowania) oraz „światłości" (wydarzenia od chwili uwolnienia Józefa z więzienia po zmartwychwstaniu Jezusa).

Papirus Egerton – tekst datowany na II w. Zawiera cztery perykopy, w których widać wyraźny wpływ Ewangelii św. Jana oraz synoptyków. Trudno stwierdzić, czy tekst pochodzi z jednej ze znanych Ewangelii (np. *Ewangelii Egipcjan*), czy jest to antyjudaistyczna kompilacja Ewangelii Łukasza i Jana, czy tekst wzięty z tradycji ustnej, na której opierał się Jan.

Protoewangelia Jakuba – powstała w drugiej połowie II w. Miejsce powstania utworu nie jest dokładnie znane: autor prawdopodobnie pochodził z kręgów judeochrześcijańskich, co potwierdza charakter dzieła – utwór jest chrześcijańskim midraszem maryjnym, którego fabuła zbudowana jest na kanwie ewangelijnych opisów narodzenia.

Protoewangelia Jakuba była dobrze znana na Wschodzie chrześcijańskim: zachowało się ok. 140 rękopisów greckich. Ponadto stała się podstawą dla najróżnorodniejszych utworów maryjnych powstających na całym obszarze starożytnego chrześcijaństwa. Wpłynęła na kształt powstającej ikonografii chrześcijańskiej Wschodu i Zachodu, znalazła swoje odbicie w liturgii i przyczyniła się do rozwoju pobożności maryjnej.

Raport Piłata, namiestnika, o Panu naszym Jezusie Chrystusie, wysłany do Augusta cesarza, który mieszka w Rzymie – utwór powstały w V w., należący do grupy tekstów broniących Piłata. Piłat, pisząc do cesarza (niewymienionego wprost, prawdopodobnie jednak do Tyberiusza), opowiada w raporcie o wielkich czynach dokonanych przez Chrystusa i o tym, jak został zmuszony do wydania nań wyroku skazującego.

Wyrocznie Sybillińskie – zbiór utworów publikowanych od II w. przed Chrystusem i wydanych ostatecznie w IV w. Składa się z czternastu ksiąg w 4230 homeryckich, archaizowanych heksametrach. Jest to kompilacja fragmentów pogańskich, żydowskich i chrześcijańskich, nakładających się nawzajem.

Transitus Jana Teologa – *transitus* to gatunek utworów mówiących o odejściu Maryi z tego świata. Ten tekst powstały ok. 460 r. Najbardziej popularny (od 50 do 100 rękopisów) i jedyny utwór grecki powszechnie używany w czasie liturgii Wniebowzięcia, bardzo znany również w świecie słowiańskim. Utwór wyraża wiarę w zaśnięcie Maryi, ale jeszcze nie wniebowzięcie. Podkreśla mocno dziewictwo Maryi oraz Jej wstawiennictwo.

Transitus Melitona z Sardes – tekst powstały pod koniec VI lub na początku VII w., znany w dwóch wersjach (łącznie ok. 40 odkrytych rękopisów, najstarszy z VIII w.), najbardziej rozpowszechniony w świecie łacińskim.

Utwór przypisywany Melitonowi z Sardes, pisarzowi-apologecie z II w. Zawiera rozwiniętą teologię zaśnięcia, zmartwychwstania i wniebowzięcia Maryi.

Transitus R – utwór powstały prawdopodobnie w V lub VI w., prawdopodobnie w kręgu konstantynopolitańskim. Przypisuje się go Janowi Teologowi.

Tekst mówi o zaśnięciu i wniebowzięciu Maryi: Jej dusza i ciało zostają przeniesione do nieba, dusza znowu włożona w ciało i wraz z nim położona pod drzewem życia, jednak bez uprzedniego zmartwychwstania. Utwór zawiera liczne modlitwy z elementami wyraźnie archaicznymi, gnostycko-judeochrześcijańskimi.

Wyrok Kajfasza – tekst pochodzący prawdopodobnie z XV w. o znikomej wartości historycznej, potwierdzający jednak zainteresowanie wszystkimi szczegółami z życia Jezusa. Mógł być – podobnie jak inne tego rodzaju „wyroki" – używany w rozmaitych misteriach ludowych.

Wyrok na Jezusa, który wydał Poncjusz Piłat przeciw Panu naszemu, Chrystusowi – dokument w języku starowłoskim z licznymi akcentami hiszpańskojęzycznymi, odkryty w Akwili (niedaleko Aminternum – miejsca domniemanego urodzenia Piłata) i przepisany w 1580 r. prawdopodobnie przez jakiegoś żołnierza hiszpańskiego, który nie znał dobrze włoskiego. Podobnie jak *Wyrok Kajfasza* tekst o znikomej wartości historycznej.

SPIS TREŚCI

DWIE BIOGRAFIE JEZUSA
7

PRZED NARODZENIEM
19

NARODZINY
45

NIEMOWLĘ
59

DZIECIŃSTWO
81

DZIAŁALNOŚĆ PUBLICZNA
99

PROCES
125

MĘKA
145

ZMARTWYCHWSTANIE
157

ZSTĄPIENIE DO PIEKIEŁ
171

PO ZMARTWYCHWSTANIU
187

ŹRÓDŁA
212

WYDAWNICTWO WAM
ul. Kopernika 26 • 31-501 Kraków
tel. 12 62 93 200
e-mail: wam@wydawnictwowam.pl

DZIAŁ HANDLOWY
tel. 12 62 93 254-255 • faks 12 62 93 496
e-mail: handel@wydawnictwowam.pl

KSIĘGARNIA WYSYŁKOWA
tel. 12 62 93 260
www.wydawnictwowam.pl

Druk: AMW • Wrocław

Publikację wydrukowano na papierze IGEPA Creamy 70 g vol. 2.0
dostarczonym przez IGEPA Polska Sp. z o.o.